ELEMENTARBUCH DER SANSKRIT-SPRACHE

D1882822

ELEMENTARBUCH DER SANSKRIT-SPRACHE

Grammatik,
Text,
Worterbuch.

Von

Adolf Friedrich Stenzler.

Zweite Vermehrte Auflage

GYAN

Published by

Gyan Publishing House
5, Ansari Road
Daryaganj, New Delhi-110002
Phone: 011-47034999, 9811692060
E-mail: books@gyanbooks.com

Distribution Network
gyanbooks.com
India, USA, Canada, UK, Australia, France

© Publisher

All rights reserved. No part of this work may be reproduced, stored, adapted, or transmitted in any form or by any means, electronic, mechanical, photocopying, micro-filming, recording or otherwise, or translated in any language, without the prior written permission of the copyright owner and the publisher.

ISBN : 978-81-212-4303-2 (PB)
First Published, 1872

2nd Impression 2020

Printed at: Gyan Press, Delhi.

The book is sold subject to the condition that it shall not, by way of trade or otherwise, be lent, resold, hired out, or otherwise circulated without the prior publisher's written consent.

Elementarbuch der Sanskrit-Sprache
Author: Adolf Friedrich Stenzler

Elementarbuch

der

Sanskrit-Sprache.

Grammatik,

Text,

Wörterbuch.

Von

Adolf Friedrich Stenzler.

Zweite vermehrte Auflage.

Breslau,

Max Mälzer.

1872.

Vorrede zur ersten Auflage.

Zur Abfassung dieses Elementarbuches bin ich veranlasst worden durch das Bedürfniss eines wohlfeilen Leitfadens für den ersten Unterricht im Sanskrit. Diese praktische Rücksicht hat mich genöthigt, dem Abrisse der Grammatik die engsten Grenzen zu ziehen und die wissenschaftliche Belebung des Stoffes, oft auch seine Ergänzung, dem mündlichen Vortrage zu überlassen.

Zur ersten Uebung in der Sprache habe ich den Hitopadeça gewählt, weil dieser, neben seiner guten Prosa, durch die verschiedenartigen Verse Anlass giebt zur Darstellung der Metrik.

Ich habe lange gehofft, dass diesem Bedürfnisse von anderer Seite her abgeholfen werden würde, da manche Fachgenossen dasselbe mit mir empfunden zu haben scheinen. Möchte ich es nun auch ihnen recht gemacht haben.

Breslau, den 14 October 1868.

Vorrede zur zweiten Auflage.

In dieser neuen Auflage habe ich zu dem etwas gekürzten Stücke des Hitopadeça noch die drei ersten Capitel des Nala und einige Strophen des Bhartṛihari hinzugefügt. Besitzer der ersten Auflage können dieselbe durch die „Sanskrit-Texte mit Vocabular. Breslau (Max Mälzer) 1868“ ergänzen. Die Grammatik hat kleine Aenderungen und Zusätze erfahren; eine Erweiterung derselben war mit ihrem Zwecke nicht vereinbar.

Breslau, den 12 April 1872.

Druckfehler.

S. 2. Z. 4 v. u. lies: ष्प sh-pa.

S. 8. Z. 12 l. वोढुम् ।

S. 16. Z. 2 v. u. l. पुमांसी und पुंसोस् ।

S. 36. Z. 2 v. u. l. वप् ।

S. 42. Z. 17 l. संपूर्य ।

S. 49. Z. 12. l. सकृद्यो ।

S. 50. Z. 2 v. u. l. पूरयन्तो ।

S. 55. Z. 4 l. प्रभावेन ।

S. 57. Z. 12 l. यधुर्माता ।

S. 63. Z. 13 l. •तक्षौष• ।

S. 66. Z. 1 l. •द्वेशः ।

S. 70. Z. 7 l. •बोधा॥

S. 75. Z. 9 v. u. l. प्रोत्तुङ्ग° ।

S. 76. Z. 8 v. u. l. जन्म जरा° ।

Schrift- und Lautlehre.

1. Die Devanâgarî-Schrift besteht aus folgenden Silbenzeichen:

Vocale.

Einfache: अ a, आ â, इ i, ई î, उ u, ऊ û, ऋ ṛi, ॠ ṛî, ऌ ḷi, ॡ ḷî.

Diphthonge: ए e, ऐ ai, ओ o, औ au.

Consonanten.

1. Gutturale क ka, ख kha, ग ga, घ gha, ङ ṅa.
2. Palatale च ca, छ cha, ज ja, झ jha, ञ ña.*)
3. Cerebrale ट ṭa, ठ ṭha, ड ḍa, ढ ḍha, ण ṇa.
4. Dentale त ta, थ tha, द da, ध dha, न na.
5. Labiale प pa, फ pha, ब ba, भ bha, म ma.
6. Halbvocale य ya, र ra, ल la, व va.
7. Zischlaute श ça, ष sha, स sa, ह ha.

Anusvâra अं aṃ, Anunâsika अँ aṃ, Visarga अः aḥ.

2. Consonanten mit anderen Vocalen als a: का kâ, कि ki, की kî, कु ku, कू kû, कृ kṛi, कॄ kṛî, कॢ kḷi, के ke, कै kai, को ko, कौ kau, दु du, दू dû, दृ dṛi, रु ru, रू rû, शु çu, हु hu, हू hû, हृ hṛi.

3. Vocallose Consonanten am Ende eines Wortes werden durch Virâma bezeichnet तत् tat.

4. Elision eines अ zu Anfang eines Wortes wird durch ऽ bezeichnet, z. B. ते ऽपि te 'pi für ते अपि te api.

---

*) c wie englisches ch und j wie engl. j auszusprechen.

5. **Verbundene Consonanten:**

क्क k-ka, क्त k-ta, क्त्य k-t-ya, क्त्र k-t-ra, क्त्व k-t-va, क्न k-na, क्म k-ma, क्य k-ya, क्र k-ra, क्ल k-la, क्व k-va, क्ष k-sha, क्ष्म k-sh-ma, क्ष्य k-sh-ya; — ख्य kh-ya; — ग्द gda, ग्ध g-dha, ग्न g-na, ग्भ g-bha, ग्य gy-a, ग्र g-ra, ग्र्य g-r-ya, ग्ल g-la; — ङ्क ṅ-ka, ङ्क्ष ṅ-k-sha, ङ्क्ष्व ṅ-k-sh-va, ङ्ख ṅ-kha, ङ्ख्य ṅ-kh-ya, ङ्ग ṅ-ga, ङ्ग्य ṅ-g-ya, ङ्ग्र ṅ-g-ra, ङ्घ ṅ-gha, ङ्ङ ṅ-ṅa, ङ्म ṅ-ma.

च्च c-ca, च्छ c-cha, च्छ्र c-ch-ra, च्छ्व c-ch-va, च्म c-ma, च्य c-ya; — ज्ज j-ja, ज्झ j-jha, ज्ञ j-ña, ज्य j-ya, ज्र j-ra, ज्व j-va; — ञ्च ñ-ca, ञ्ज ñ-ja.

ट्क ṭ-ka, ट्ट ṭ-ṭa, ट्य ṭ-ya, ठ्य ṭh-ya; ड्ग ḍ-ga, ड्ड ḍ-ḍa, ड्य ḍ-ya, ढ्य ḍh-ya; ण्ट ṇ-ṭa, ण्ठ ṇ-ṭha, ण्ड ṇ-ḍa, ण्ण ṇ-ṇa, ण्य ṇ-ya, ण्व ṇ-va.

त्क t-ka, त्त t-ta, त्त्य t-t-ya, त्त्र t-t-ra, त्त्व t-t-va, त्थ t-tha, त्न t-na, त्प t-pa, त्म t-ma, त्म्य t-m-ya, त्य t-ya, त्र t-ra, त्र्य t-r-ya, त्व t-va, त्स t-sa, त्स्न t-s-na; त्स्य t-s-ya; थ्य th-ya; द्ग d-ga, द्ग्र d-g-ra, द्द d-da, द्द्य d-d-ya, द्द्र d-d-ra, द्द्व d-d-va, द्ध d-dha, द्ध्य d-dh-ya, द्ध्व d-dh-va, द्न d-na, द्भ d-bha, द्भ्य d-bh-ya, द्म d-ma, द्य d-ya, द्र d-ra, द्र्य d-r-ya, द्व d-va; ध्न dh-na, ध्म dh-ma, ध्य dh-ya, ध्र dh-ra, ध्व dh-va; — न्त n-ta, न्त्य n-t-ya, न्त्र n-t-ra, न्थ n-tha, न्द n-da, न्द्र n-d-ra, न्ध n-dha, न्ध्य n-dh-ya, न्ध्र n-dh-ra, न्न n-na, न्म n-ma, न्य n-ya, न्व n-va, न्स n-sa, न्र n-ra.

प्त p-ta, प्त्य p-t-ya, प्न p-na, प्म p-ma, प्य p-ya, प्र p-ra, प्ल p-la, प्स p-sa; फ्य ph-ya; ब्ज b-ja, ब्द b-da, ब्ध b-dha, ब्य b-ya, ब्र b-ra; भ्य bh-ya, भ्र bh-ra; — म्न m-na, म्प m-pa, म्प्र m-p-ra, म्ब m-ba, म्भ m-bha, म्य m-ya, म्र m-ra, म्ल m-la.

य्य y-ya, य्व y-va; र्क r-ka, र्भी r-bhî, र्वे r-ve, र्वो r-vo; ल्क l-ka, ल्प l-pa, ल्म l-ma, ल्य l-ya, ल्ल l-la; व्य v-ya, व्र v-ra.

श्य ç-ya, श्च ç-ca, श्च्य ç-c-ya, श्न ç-na, श्र ç-ra, श्ल ç-la, श्व ç-va; ष्क sh-ka, ष्क्र sh-k-ra, ष्ट sh-ṭa, ष्ट्य sh-ṭ-ya, ष्ट्र sh-ṭ-ra, ष्ट्व sh-ṭ-va, ष्ठ sh-ṭha, ष्ठ्य sh-ṭh-ya, ष्ण sh-ṇa, ष्प sh-pa, ष्प्र sh-p-ra, ष्म sh-ma, ष्य sh-ya, ष्व sh-va; स्क s-ka, स्ख s-kha, स्त s-ta, स्त्र s-t-ra, स्थ s-tha, स्न s-na, स्प s-pa, स्फ s-pha, स्म s-ma, स्म्य s-m-ya, स्य s-ya, स्र s-ra, स्व s-va, ह्ण h-ṇa, ह्न h-na, ह्म h-ma, ह्य h-ya, ह्र h-ra, ह्ल h-la, ह्व h-va.

6. **Zahlzeichen:**

१ २ ३ ४ ५ ६ ७ ८ ९ ०

1 2 3 4 5 6 7 8 9 0

१० = 10, १२५ = 125, १८०७ = 1807.

7. Anusvâra, ं, ist das Zeichen eines blossen Nasenlautes, steht aber am Ende eines Wortes auch statt म् (§ 34), und in der Mitte, vor Consonanten der fünf ersten Klassen, statt des Nasals, welcher dem folgenden Consonanten entspricht, z. B. अंग statt अङ्ग, अंत statt अन्त। — Ueber Anunâsika, ँ, s. § 31.

8. श ist palataler Zischlaut, ष cerebraler, स dentaler.

9. Die beiden ersten Consonanten der fünf ersten Classen und die drei Zischlaute sind harte, alle übrigen Consonanten und die Vocale weiche Laute.

10. Guna und Vriddhi sind Veränderungen, welche die Vocale erleiden.

Grundvocale:	अ आ	इ ई	उ ऊ	ऋ ॠ	ए ऐ	ओ औ
Guna:	—	ए	ओ	अर्	—	—
Vriddhi:	आ	ऐ	औ	आर्	ऐ	औ।

ऋ hat zuweilen Guna र, Vriddhi रा। (§ 155. 178. 217).

Wenn Guna- und Vriddhi-Vocale verkürzt werden, so tritt ihr kurzer Grundvocal ein (§ 161).

Lautwandel im Satze.

End- und Anfangs-Vocale.

11. Einfache ähnliche Vocale fliessen zusammen in ihre Längen, z. B. aus वारि इह अस्ति wird वारीहास्ति। aus सा अपि ईक्षते wird सापीक्षते।

12. अ und आ fliessen mit einfachen, unähnlichen Vocalen zusammen in Guna derselben, mit Diphthongen in Vriddhi, z. B. aus तव इच्छा wird तवेच्छा। aus सा उवाच wird सोवाच। aus यथा ऋषिः wird यथर्षिः। aus

तव एव wird तवैव। aus तव ऐश्वर्यं wird तवैश्वर्यं। aus सा ओषधिः wird सौषधिः। aus तव औत्सुक्यं wird तवौत्सुक्यं।

13. Einfache Vocale ausser अ und आ gehen vor unähnlichen Vocalen in ihre Halbvocale über, z. B. aus इति उक्तं wird इत्युक्तं। aus मधु अस्ति wird मध्वस्ति। aus कर्तृ अस्ति wird कर्त्रस्ति।

14. Nach ए und ओ wird अ elidirt, z. B. aus ते अपि wird तेऽपि। aus सो अपि wird सोऽपि। (§ 4).

15. Vor anderen Vocalen als अ wird ए und gewöhnlich auch ओ zu अ z. B. aus वने आस्ते wird वन आस्ते। aus प्रभो एहि wird प्रभ एहि।

16. ऐ wird vor Vocalen zu आ und औ zu आव्। z. B. aus तस्मै अदात् wird तस्मा अदात्। aus तौ इह wird ताविह।

17. Die Endvocale ई ऊ ए im Dualis der Declination und Conjugation und im Pluralis अमी (§ 103) werden vor Vocalen nicht verwandelt. Auch wird nach solchem ए ein अ nicht elidirt.

End- und Anfangs-Consonanten.

18. Von zwei oder mehreren Consonanten, welche ein Wort schliessen sollten, bleibt nur der erste stehen. Aus भवन्त्स् wird भवन्। aus तुदन्त्स् तुदन्। aus प्राङ्क्स् प्राङ्।

19. Von den Consonanten der ersten und dritten bis fünften Classe können in der Pause nur der erste und letzte stehen; die andern werden in den ersten verwandelt. Aus लिख् wird लिक्। aus मुद् मुत्। aus लभ् लप्।

20. Palatale, auch श्, werden in der Pause zu क्। ज् und श् zuweilen zu ट्। ष् und ह् meistens zu ट्, zuweilen zu क्।

21. र् und स् werden zu Visarga.

22. Wenn Wurzelsilben, welche mit einer weichen Aspirate oder ह् schliessen und mit ग ड द् oder ब anlauten, ihren Endconsonanten nach § 19 und 20 verwandeln, tritt die Aspiration auf den Anlaut zurück; aus बुध् wird भुत् aus दुह् wird धुक्।

23. Wenn diese Endlaute nach Abwerfung des Virâma sich mit dem

Anfangslaute des nächsten Wortes verbinden, treten folgende Veränderungen ein.

24. Die harten Consonanten werden vor weichen Anlauten weich, vor nasalen nasal; z. B. aus वाक् इति wird वागिति । aus तत् अस्ति तदस्ति । aus वाक् नयति wird वाङ्नयति । aus तत् न wird तन्न ।

25. Anlautendes ह wird nach Erweichung des vorhergehenden Endconsonanten zur weichen Aspirata desselben, z. B. aus वाक् हि wird वाग्घि । aus तत् हि wird तद्धि ।

26. Anlautendes छ wird zu च्छ nach einem kurzen Vocale, nach der Partikel मा und nach der Präposition आ z. B. तव छाया wird तव च्छाया ।

27. Der harte Dental assimilirt sich einem folgenden Palatal, Cerebral und ल । z. B. aus तत् च wird तच्च । aus तत् जयति wird तज्जयति । aus तत् लिखितं wird तल्लिखितं ।

28. Anlautendes श wird nach त् zu छ । z. B. aus तत् श्रुतं wird तच्छ्रुतं ।

29. न् wird vor weichen Cerebralen und Palatalen und vor श zum Nasal dieser Klassen, z. B. aus तान् जयति wird ताञ्जयति ।

30. Anlautendes श wird nach न् beliebig zu छ । z. B. aus तान् शयान् wird ताञ्शयान् oder ताञ्छयान् ।

31. न् wird vor ल zu ं ल् oder ँ ल् । z. B. aus तान् लब्धुं wird तांल्लब्धुं oder ताँल्लब्धुं ।

32. Schliessende Nasale (ausser म्) nach einem kurzen Vocal werden vor Vocalen verdoppelt, z. B. aus तुदन् इति wird तुदन्निति । aus उदङ् अपि wird उदङ्ङपि ।

33. Zwischen schliessendes न् und einen folgenden harten Palatal, Cerebral oder Dental wird der dem letzteren Consonanten entsprechende Zischlaut eingeschoben, vor welchem न् in Anusvâra übergeht, z. B. aus भवान् च wird भवांश्च । aus भवान् तु wird भवांस्तु ।

34. Schliessendes म् wird vor einem Consonanten der beiden letzten Classen (Halbvocal und Zischlaut) zu Anusvâra; vor einem Consonanten der fünf ersten Classen wird es zum Nasal derselben, gewöhnlich aber auch dann durch Anusvâra geschrieben (§ 7); z. B. aus तम् यः wird

तं यः। aus तम् स wird तं स। aus तम् गणम् wird तङ्गणम् oder तं गणम्। In der Pause kann es auch durch Anusvâra ausgedrückt werden.

35. Jeder Visarga (§ 21) geht vor च छ ट ठ त थ in den entsprechenden Zischlaut über; vor anderen harten Consonanten bleibt er, kann aber einem Zischlaute assimilirt werden. Hinter anderen Vocalen als अ आ wird er vor weichen Lauten zu र्; vor र selbst fällt er aus und ein vorhergehender kurzer Vocal wird lang, z. B. aus रामः तु wird रामस्तु। aus पुनः च wird पुनश्च। statt रविः स kann रविस्स geschrieben werden. Aus ददुः मे wird ददुर्मे। aus ददुः रामाय wird ददू रामाय। भोः verliert den Visarga vor Vocalen und tönenden Consonanten.

36. Die Endsilbe अः geht, wenn sie aus अस् entstanden, vor weichen Consonanten und अ in ओ über, nach welchem अ elidirt wird (§ 4). Vor anderen Vocalen fällt Visarga aus; z. B. aus रामः ददौ wird रामो ददौ। aus रामः अपि wird रामोऽपि। aus रामः उवाच wird राम उवाच।

Ausnahme. Die Nominative sing. masc. सः und एषः behalten Visarga nur am Ende eines Satzes, und werden vor अ zu सो und एषो। Vor allen andern Lauten werfen sie Visarga ab; z. B. aus सः ददौ wird स ददौ।

37. In der Endsilbe आः wird Visarga, wenn er aus स् entstanden, vor weichen Lauten abgeworfen, z. B. aus शिवाः गच्छन्ति wird शिवा गच्छन्ति। aus शिवाः इति wird शिवा इति।

38. In den Endsilben अः und आः geht Visarga, wenn er aus र् entstanden, vor weichen Lauten wieder in र् über; vor र selbst fällt er aus, mit Verlängerung des अ। z. B. aus पुनः एति wird पुनरेति। aus पुनः गच्छति wird पुनर्गच्छति। aus पुनः रोहति wird पुना रोहति। aus द्वाः एषा wird द्वारेषा।

Lautwandel im Worte.

39. Die Abweichungen des Lautwandels im Innern der Wörter von den obigen Regeln ergeben sich aus der Declination, Conjugation und Wortbildung. Einige der wichtigsten Regeln darüber folgen hier.

40. In manchen Fällen werden vor Vocalen इ ई in इय् und उ ऊ in उव् verwandelt, namentlich wenn sie Wurzelvocale sind, z. B. भी + इ = भियि । भू + इ = भुवि । वी + अन्ति = वियन्ति । युयु + उस् = युयुवुस् । शृणु + अन्ति = शृण्वन्ति (§ 13), aber शक्नु + अन्ति = शक्नुवन्ति ।

41. इ und उ werden vor wurzelhaftem र् und व् wenn darauf ein Consonant folgt, meistens verlängert, z. B. दिव् + यति = दीव्यति । गिर् + भिस् = गीर्भिस् । धुर् + भिस् = धूर्भिस् । गिर् + स् = गीः । Aber दिव्य । धुर्य u. a.

42. ॠ am Ende von Wurzeln geht gewöhnlich in इर्, nach Labialen in उर् über, z. B. कॄ किरति कीर्यते (§ 41), स्तॄ स्तीर्ण । पॄ पूर्यते ।

43. ए ऐ ओ औ gehen vor Suffixen, die mit Vocalen oder य anfangen, in अय् आय् अव् आव् über, z. B. ने + अन = नयन । जे + य = जय्य । गै + अक = गायक । गो + आ = गवा । गो + य = गव्य । गौ + आ = गावा । गौ + य = गाव्य ।

44. Endconsonanten von Wurzeln und Grundformen bleiben vor Suffixen, die mit Vocalen, Nasalen oder Halbvocalen anfangen, meistens unverändert. Vor anderen Suffixen werden sie wie die Endconsonanten in § 18 u. f. behandelt, z. B. वच् वच्मि वाच्य वक्ति । बुध् भोत्स्यति ।

45. त und थ als Anlaute von Suffixen werden hinter weichen Aspiraten erweicht und nehmen die Aspiration auf sich, z. B. बुध् + त = बुद्ध । लभ् + त = लब्ध । रुन्ध् + थस् = रुन्द्धस् ।

46. Dentale werden nach Cerebralen zu Cerebralen, z. B. इष् + त = इष्ट । द्विष् + धि = द्विड्ढि । ईड् + ते = ईट्टे ।

47. न wird nach च् und ज् zu ञ z. B. यज् + न = यज्ञ ।

48. Schliessendes न् von Nominen wird abgeworfen vor anderen Wörtern in Compositis, vor consonantischen Casusendungen und meistens auch vor consonantischen Taddhitas. राजन् + अरि = राजारि । राजसु । राज्य । aber राजन्य ।

49. Ein न auf welches ein Vocal oder न म य व folgt, wird in ण verwandelt nach einem ऋ ॠ र oder ष, wenn kein anderer Buchstabe als ein Vocal, Guttural, Labial, य व oder ह dazwischen steht; z. B. कर् + अन = करण । von ब्रह्मन् kommt ब्रह्मण । Aus प्र नि पतति wird प्रणिपतति ।

50. Ein स auf welches ein Vocal, dentaler Consonant, म य व oder das Suffix क folgt, wird in ष verwandelt, wenn ihm ein क् र् ल् oder ein anderer Vocal als अ आ unmittelbar, oder nur durch Anusvâra oder Visarga getrennt, vorhergeht; z. B. धनुस् धनुषा धनूंषि धनुःषु धनुष्मत्। Aus अभि + सिच् wird अभिषिच्। वक् + स्यति = वक्ष्यति गिर् + सु = गीर्षु (§ 41). So auch परिष्कृ aus परि + स्कृ।

51. ह् wird vor स, und in Wurzeln die mit द anfangen auch vor anderen Consonanten, wie घ् behandelt, z. B. लेह् + सि = लेक्षि। दह् + स्यति धक्ष्यति (§ 22. 50), दह् + त = दग्ध (§ 45). Bei anderen Wurzeln gehen त थ ध nach ह् in ढ über, das ह wird ausgeworfen und ein vorhergehender kurzer Vocal verlängert, z. B. लिह् + त = लीढ। रोह् + तुम् = रोढुम्। Ausnahmen: नह् + त = नद्ध। दृह् + त = दृढ। वह् + तुम् = वोढुम्। सह् + तुम् = सोढुम्।

Declination.

52. Declination besteht in der Anfügung der Casusendungen an den Stamm (die Grundform).

53. Die Sanskrit-Sprache unterscheidet drei Geschlechter: Masculinum, Femininum, Neutrum; drei Zahlen: Singularis, Dualis, Pluralis; acht Casus: Nominativ, Vocativ, Accusativ, Instrumentalis, Dativ, Ablativ, Genetiv, Locativ.

Nomina.

54. Als Casusendungen gelten folgende:

	Sing.	Du.	Pl.
N.	स्	औ (N. A.)	अस् (N. A.)
A.	अम्		
I.	आ	भ्याम् (I. D. Ab.)	भिस्
D.	ए		भ्यस् (D. Ab.)
Ab.	अस्		
G.	अस्	ओस् (G. L.)	आम्
L.	इ		सु

Abweichungen hiervon ergeben die folgenden Paradigmen und Regeln.

55. **Starke** Casus sind NV der drei Zahlen und A des Sing. und Du. Die übrigen sind entweder alle **schwache**, oder in bestimmten Fällen die consonantisch anfangenden **mittlere**, die vocalisch anfangenden **schwächste** Casus. Bei Neutris sind NVA im Sing. schwache oder mittlere; im Du. schwache oder schwächste, im Pl. starke Casus. Die übrigen wie bei Masc.

Erste Declination.

Nomina auf अ आ।

56. Stamm m. n. गत f. गता।

<table>
<tr><th colspan="4">Sing.</th></tr>
<tr><th></th><th>m.</th><th>n.</th><th>f.</th></tr>
<tr><td>N.</td><td>गतस्</td><td>गतम्</td><td>गता</td></tr>
<tr><td>A.</td><td>गतम्</td><td>गतम्</td><td>गताम्</td></tr>
<tr><td>I.</td><td colspan="2">गतेन</td><td>गतया</td></tr>
<tr><td>D.</td><td colspan="2">गताय</td><td>गतायै</td></tr>
<tr><td>Ab.</td><td colspan="2">गतात्</td><td rowspan="2">गतायास्</td></tr>
<tr><td>G.</td><td colspan="2">गतस्य</td></tr>
<tr><td>L.</td><td colspan="2">गते</td><td>गतायाम्</td></tr>
<tr><td>V.</td><td colspan="2">गत</td><td>गते</td></tr>
<tr><th colspan="4">Du.</th></tr>
<tr><td>NAV.</td><td>गतौ</td><td>गते</td><td>गते</td></tr>
<tr><td>IDAb.</td><td colspan="3">गताभ्याम्</td></tr>
<tr><td>GL.</td><td colspan="3">गतयोस्</td></tr>
<tr><th colspan="4">Plur.</th></tr>
<tr><td>NV.</td><td>गतास्</td><td rowspan="2">गतानि</td><td rowspan="2">गतास्</td></tr>
<tr><td>A.</td><td>गतान्</td></tr>
<tr><td>I.</td><td colspan="2">गतैस्</td><td>गताभिस्</td></tr>
<tr><td>DAb.</td><td colspan="2">गतेभ्यस्</td><td>गताभ्यस्</td></tr>
<tr><td>G.</td><td colspan="2">गतानाम्</td><td>गतानाम्</td></tr>
<tr><td>L.</td><td colspan="2">गतेषु</td><td>गतासु</td></tr>
</table>

57. अम्बा hat V. अम्ब ।

58. Mehrere Adjectiva auf अ folgen der Pronominal-Declination (§ 104).

59. Masc. und Fem. auf wurzelhaftes आ werfen diesen Vocal in den schwächsten Casus (§ 55) ab, z. B. Sing. सोमपास् पाम् पा पे पस् पि । Du. पौ पाभ्याम् पोस् । Pl. पास् पस् पाभिस् पाभ्यस् पाम् पासु ।

Zweite Declination.

Nomina auf इ und उ ।

60. Stämme m. f. n. शुचि तनु ।

Sing.

	m.	n.	f.	m.	n.	f.
N.	शुचिस्	शुचि	शुचिस्	तनुस्	तनु	तनुस्
A.	शुचिम्	शुचि	शुचिम्	तनुम्	तनु	तनुम्
I.	शुचिना	शुचिना	शुच्या	तनुना	तनुना	तन्वा
D.	शुचये	शुचिने (शुचये)	शुच्यै (शुचये)	तनवे	तनुने (तनवे)	तन्वै (तनवे)
AbG.	शुचेस्	शुचिनस् (शुचेस्)	शुच्यास् (शुचेस्)	तनोस्	तनुनस् (तनोस्)	तन्वास् (तनोस्)
L.	शुचौ	शुचिनि (शुचौ)	शुच्याम् (शुचौ)	तनौ	तनुनि (तनौ)	तन्वाम् (तनौ)
V.	शुचे	शुचि (शुचे)	शुचे	तनो	तनु (तनो)	तनो

Du.

	m.	n.	f.	m.	n.	f.
NAV.	शुची	शुचिनी	शुची	तनू	तनुनी	तनू
IDAb.		शुचिभ्याम्			तनुभ्याम्	
GL.	शुच्योस्	शुचिनोस् (शुच्योस्)	शुच्योस्	तन्वोस्	तनुनोस् (तन्वोस्)	तन्वोस्

Plur.

	m.	n.	f.	m.	n.	f.
NV.	शुचयस्	शुचीनि	शुचयस्	तनवस्	तनूनि	तनवस्
A.	शुचीन्	शुचीनि	शुचीस्	तनून्	तनूनि	तनूस्
I.		शुचिभिस्			तनुभिस्	
DAb.		शुचिभ्यस्			तनुभ्यस्	
G.		शुचीनाम्			तनूनाम्	
L.		शुचिषु			तनुषु	

Die doppelten Formen im Sing. und Du. der Neutra gelten nur für Adjectiva. Substantiva neutr. haben stets die von der masculinen verschiedene Form.

61. सखि hat Sing. N. सखा A. सखायम् I. सख्या D. सख्ये AbG. सख्युस् L. सख्यौ Du. NAV. सखायौ Pl. N. सखायस् ।

62. पति hat Sing. I. पत्या D. पत्ये AbG. पत्युस् L. पत्यौ । Am Ende von Compositis folgt es der Regel; zuweilen auch allein stehend.

63. Die Neutra अस्थि अक्षि दधि सक्थि bilden die schwächsten Casus (§ 55) aus Stämmen auf अन् (अस्थन् u. s. w.). Siehe § 81.

Dritte Declination.

Nomina auf ई und ऊ ।

64. Einsilbige Feminina. Stämme धी भू ।

Sing.			Plur.		
NV.	धीस्	भूस्	NAV.	धियस्	भुवस्
A.	धियम्	भुवम्	I.	धीभिस्	भूभिस्
I.	धिया	भुवा	DAb.	धीभ्यस्	भूभ्यस्
D.	धिये (धियै)	भुवे (भुवै)	G.	धियाम्	भुवाम्
AbG.	धियस् (धियास्)	भुवस् (भुवास्)		(धीनाम्)	(भूनाम्)
L.	धियि (धियाम्)	भुवि (भुवाम्)	L.	धीषु	भूषु

Du.

NAV.	धियौ	भुवौ
IDAb.	धीभ्याम्	भूभ्याम्
GL,	धियोस्	भुवोस्

65. स्त्री Sing. N. स्त्री A. स्त्रियम् oder स्त्रीम् D. स्त्रियै AbG. स्त्रियास् L. स्त्रियाम् V. स्त्रि। Pl. A. स्त्रीस् oder स्त्रियस् G. स्त्रीणाम्।

66. Mehrsilbige Feminina. Stämme नदी वधू।

Sing.			Plur.		
N.	नदी	वधूस्	NV.	नद्यस्	वध्वस्
A.	नदीम्	वधूम्	A.	नदीस्	वधूस्
I.	नद्या	वध्वा	I.	नदीभिस्	वधूभिस्
D.	नद्यै	वध्वै	DAb.	नदीभ्यस्	वधूभ्यस्
AbG.	नद्यास्	वध्वास्	G.	नदीनाम्	वधूनाम्
L.	नद्याम्	वध्वाम्	L.	नदीषु	वधूषु
V.	नदि	वधु			

Du.

NAV.	नद्यौ	वध्वौ
IDAb.	नदीभ्याम्	वधूभ्याम्
GL.	नद्योस्	वध्वोस्

67. लक्ष्मी Sing. N. लक्ष्मीस्।

Vierte Declination.

Nomina auf ऋ।

68. Stamm m. n. दातृ।

Sing.	m.	n.	Plur.	m.	n.
N.	दाता	दातृ	NV.	दातारस्	दातॄणि
A.	दातारम्	दातृ	A.	दातॄन्	दातॄणि
I.	दात्रा	दातृणा	I.	दातृभिस्	
D.	दात्रे	दातृणे	DAb.	दातृभ्यस्	
AbG.	दातुर्	दातृणस्	G.	दातॄणाम्	
L.	दातरि	दातृणि	L.	दातृषु	
V.	दातर्	दातृ (दातर्)			

Du.

	m.	n.
NAV.	दातारौ	दातृणी
IDAb.	दातृभ्याम्	दातृभ्याम्
GL.	दात्रोस्	दातृणोस्

69. Verwandtschaftswörter. Stämme m. पितृ f. मातृ । Sing. A. पितरम् मातरम् । Du. NAV. पितरौ मातरौ । Pl. N. पितरस् मातरस् । A. पितॄन् मातॄस् ।

Ausn. m. नप्तृ f. स्वसृ wie in § 68 Sing. A. नप्तारम् स्वसारम् । Du. NAV. नप्तारौ स्वसारौ । Pl. N. नप्तारस् स्वसारस् A. नप्तॄन् स्वसॄस् ।

70. नृ wie पितृ nur Pl. G. नृणाम् oder नॄणाम् ।

Fünfte Declination.

Nomina auf ऐ ओ und औ ।

71. Stämme m. रै mf. गो f. नौ ।

Sing.				Plur.			
NV.	रास्	गौस्	नौस्	NV.	रायस्	गावस्	नावस्
A.	रायम्	गाम्	नावम्	A.	रायस्	गास्	नावस्
I.	राया	गवा	नावा	I.	राभिस्	गोभिस्	नौभिस्
D.	राये	गवे	नावे	DAb.	राभ्यस्	गोभ्यस्	नौभ्यस्
AbG.	रायस्	गोस्	नावस्	G.	रायाम्	गवाम्	नावाम्
L.	रायि	गवि	नावि	L.	रासु	गोषु	नौषु

Du.

NAV.	रायौ	गावौ	नावौ
IDAb.	राभ्याम्	गोभ्याम्	नौभ्याम्
GL.	रायोस्	गवोस्	नावोस्

Sechste Declination.

Nomina auf Consonanten.

72. Stamm m. f. n. सुहृद्।

Sing.

	m.	f.	n.
NV.	सुहृत्		
A.	सुहृदम्		सुहृत्
I.	सुहृदा		
D.	सुहृदे		
AbG.	सुहृदस्		
L.	सुहृदि		

Plur.

	m.	f.	n.
NAV.	सुहृदस्		सुहृन्दि
I.	सुहृद्भिस्		
DAb.	सुहृद्भ्यस्		
G.	सुहृदाम्		
L.	सुहृत्सु		

Du.

	m.	f.	n.
NAV.	सुहृदौ		सुहृदी
IDAb.	सुहृद्भ्याम्		
GL.	सुहृदोस्		

73. Stämme f. गिर् पुर्। Sing. N. गीर् पूर् (§ 41) A. गिरम् पुरम् Du. I. गीर्भ्याम् पूर्भ्याम् Plur. L. गीर्षु पूर्षु (§ 50).

74. Einige Nomina auf Consonanten haben zwei Stämme, einen **starken** und einen **schwachen**; andere drei, einen **starken**, einen **mittleren** und einen **schwächsten**, aus welchen die entsprechenden Casus (§ 55) gebildet werden.

75. Stämme: starker प्राञ्च् schwacher प्राच्। Masc. N. प्राङ् प्राञ्चौ प्राञ्चस् A. प्राञ्चम् प्राञ्चौ प्राचस् I. Sing. प्राचा Pl. प्राग्भिस्। Neutr. N. प्राक् प्राची प्राञ्चि।

76. Stämme: st. प्रत्यञ्च् mittl. प्रत्यच् schwächster प्रतीच्। Masc. N. प्रत्यङ् प्रत्यञ्चौ प्रत्यञ्चस् A. प्रत्यञ्चम् प्रत्यञ्चौ प्रतीचस् I. प्रतीचा प्रत्यग्भ्याम् प्रत्यग्भिस् L. Plur. प्रत्यक्षु। — So सम्यञ्च् सम्यच् समीच्। उदञ्च् उदच् उदीच्।

77. Particip. Praes. des Parasmaipadam (§ 209).

Stämme st. तुदन्त् schw. तुदत्।

m.		Sing.	Du.	Plur.
	NV.	तुदन्	तुदन्तौ	तुदन्तस्
	A.	तुदन्तम्	तुदन्तौ	तुदतस्
	I.	तुदता	तुदद्भ्याम्	तुदद्भिस्
n.				
	NA.	तुदत्	तुदती (तुदन्ती)	तुदन्ति

78. Reduplicirte Wurzeln bilden alle Casus aus dem schwachen Stamme: m. Sing. N. ददत् A. ददतम् । n. Pl. N. ददति oder ददन्ति ।

79. महत् starker Stamm महान्त् । m. N. महान् महान्तौ महान्तस् A. महान्तम् महान्तौ महतस् V. Sing. महन् ।

80. Wörter auf मत् und वत् wie § 77, aber m. N. Sing. मान् und वान् । So auch भवत् Pronomen der zweiten Person.

81. Wörter auf अन् मन् वन् । Stämme m. राजन् n. नामन् ।

	Sing.			Plur.	
N.	राजा	नाम	NV.	राजानस्	नामानि
A.	राजानम्	नाम	A.	राज्ञस्	नामानि
I.	राज्ञा	नाम्ना	I.	राजभिस्	नामभिस्
D.	राज्ञे	नाम्ने	DAb.	राजभ्यस्	नामभ्यस्
AbG.	राज्ञस्	नाम्नस्	G.	राज्ञाम्	नाम्नाम्
L.	राज्ञि (राजनि)	नाम्नि (नामनि)	L.	राजसु	नामसु
V.	राजन्	नाम (नामन्)			

	Du.	
NAV.	राजानौ	नाम्नी (नामनी)
IDAb.	राजभ्याम्	नामभ्याम्
GL.	राज्ञोस्	नाम्नोस्

So मूर्धन् I. Sing. मूर्ध्ना । अक्षि अक्ष्णा (§ 63). — Wenn in Wörtern auf मन् oder वन् dem म oder व ein Consonant vorhergeht, wird das अ nicht ausgestossen. आत्मन् I. आत्मना ।

82. श्वन् मघवन् युवन् m. haben als schwächste Stämme शुन् मघोन् यून्। Sing. N. श्वा मघवा युवा I. शुना मघोना यूना।

83. अहन् n. mittl. Stamm अहस्। NAV. Sing. अहर् Du. अह्नी oder अहनी Plur. अहानि I. Plur. अहोभिस्।

84. Wörter auf die Wurzel हन् verlängern das अ nur im N. Sing. m. und im NAV. Plur. n. und bilden die schwächsten Casus घ्ना घ्ने घ्नस् u. s. w.

85. Wörter auf इन्। Stamm बलिन् N. Sing. m. बली n. बलि। I. Plur. बलिभिस्।

86. Die Masc. पथिन् मथिन् ऋभुक्षिन् bilden N. Sing. पन्थास् मन्थास् ऋभुक्षास्। Die übrigen starken Casus aus पन्थान् मन्थान् ऋभुक्षान् die schwächsten aus पथ् मथ् ऋभुक्ष्। N. Du. पन्थानौ Plur. पन्थानस् A. Sing. पन्थानम् Pl. पथस् I. Sing. पथा Plur. पथिभिस्।

87. अप् f. nur Plur., N. आपस् A. अपस् I. अद्भिस् DAb. अद्भ्यस् G. अपाम् L. अप्सु।

88. दिव् f. Sing. द्यौस् दिवम् दिवा दिवे दिवस् दिवि। Du. दिवौ द्युभ्याम् दिवोस्। Plur. दिवस् दिवस् द्युभिस् द्युभ्यस् दिवाम् द्युषु।

89. Wörter auf अस्। Neutra: मनस्। NA. मनस् मनसी मनांसि। I. मनसा मनोभ्याम् मनोभिस्। L. मनसि मनसोस् मनःसु। Masc. und Fem. सुमनस् N. सुमनास् सुमनसौ सुमनसस्। A. सुमनसम् सुमनसौ सुमनसस्। Die übrigen Casus wie die Neutra.

90. Comparative auf ईयस्। Starker Stamm गरीयांस् schw. गरीयस्। N. गरीयान् गरीयांसौ गरीयांसस् V. Sing. गरीयन् A. गरीयांसम् गरीयांसौ गरीयसस् I. Pl. गरीयोभिस्।

91. Part. Perf. Act. auf वस्। Starker Stamm: बभूवांस् mittl. बभूवत् schw. बभूवुस्। Sing. बभूवान् बभूवांसम् बभूवुषा बभूवुषे बभूवुषस् बभूवुषि बभूवन्। Du. बभूवांसौ बभूवद्भ्याम् बभूवुषोस्। Plur. बभूवांसस् बभूवुषस् बभूवद्भिस् बभूवद्भ्यस् बभूवुषाम् बभूवत्सु। Neutr. N. बभूवत् बभूवुषी बभूवांसि।

92. पुंस् m. Starker Stamm पुमांस् mittl. पुम्। Sing. पुमान् पुमांसम् पुंसा पुंसे पुंसस् पुंसि पुमन्। Du. पमांसौ पुम्भ्याम् पुंसोस्। Plur. पुमांसस् पुंसस् पुम्भिस् पुम्भ्यस् पुंसाम् पुंसु।

93. Neutra auf इस् und उस्। ज्योतिस् चक्षुस् NAV. ज्योतिस् ज्योतिषी ज्योतींषि। चक्षुस् चक्षुषी चक्षूंषि I. ज्योतिषा ज्योतिर्भ्याम् ज्योतिर्भिस्। चक्षुषा चक्षुर्भ्याम् चक्षुर्भिस्। L. Pl. ज्योतिःषु चक्षुःषु।

Comparation.

94. Die Suffixe des Comparativs तर und des Superlativs तम werden an den schwachen oder mittleren Stamm gefügt: पुण्य पुण्यतर पुण्यतम। प्राच् प्राक्तर (§ 75); विद्वंस् विद्वत्तर (§ 91).

95. Vor den Suffixen des Comparativs ईयस् und des Superlativs इष्ठ erleiden die Stämme mehrfache Veränderungen: लघु लघीयस् लघिष्ठ। गुरु गरीयस् गरिष्ठ। पृथु प्रथीयस्। क्षिप्र क्षेपीयस्। दूर दवीयस्। बहु भूयस् भूयिष्ठ। Zu einigen Comparativen und Superlativen dieser Form fehlen wurzelhaft entsprechende Positive, wie कनीयस् कनिष्ठ der Bedeutung nach zu अल्प gehören, श्रेयस् श्रेष्ठ zu प्रशस्य u. a.

Zahlwörter.

96. Cardinalia. Stämme: 1 एक। 2 द्वि। 3 त्रि। 4 चतुर्। 5 पञ्चन्। 6 षष्। 7 सप्तन्। 8 अष्टन्। 9 नवन्। 10 दशन्। 11 एकादशन्। 12 द्वादशन्। 13 त्रयोदशन्। 14 चतुर्दशन्। 15 पञ्चदशन्। 16 षोडशन्। 17 सप्तदशन्। 18 अष्टादशन्। 19 नवदशन् oder ऊनविंशति। 20 विंशति। 21 एकविंशति। 22 द्वाविंशति। 23 त्रयोविंशति। 28 अष्टाविंशति। 29 नवविंशति oder ऊनत्रिंशत्। 30 त्रिंशत्। 39 नवत्रिंशत् oder ऊनचत्वारिंशत्। 40 चत्वारिंशत्। 49 नवचत्वारिंशत् oder ऊनपञ्चाशत्। 50 पञ्चाशत्। 60 षष्टि। 70 सप्तति। 80 अशीति। 90 नवति। 100 शत। 101 एकशत। 102 द्विशत। 103 त्रिशत। 110 दशशत। 1000 सहस्र।

Die Zahlen 2, 3 und 8 lauten in Verbindung mit 20 und 30 द्वा त्रयस् und अष्टा (द्वाविंशति त्रयोविंशति अष्टाविंशति), mit 80 द्वि त्रि und अष्ट। mit 40 bis 70 und mit 90 kommen beide Formen vor.

97. एक wird declinirt nach §. 108; द्वि als Du. von द्व (§. 56.) NAV. m. द्वौ f. n. द्वे। त्रि und चतुर् wie folgt:

	m.	n.	f.	m.	n.	f.
NV.	त्रयस्	त्रीणि	तिस्रस्	चत्वारस्	चत्वारि	चतस्रस्
A.	त्रीन्	त्रीणि	तिस्रस्	चतुरस्	चत्वारि	चतस्रस्
I.	त्रिभिस्		तिसृभिस्	चतुर्भिस्		चतसृभिस्
DAb.	त्रिभ्यस्		तिसृभ्यस्	चतुर्भ्यस्		चतसृभ्यस्
G.	त्रयाणाम्		तिसृणाम्	चतुर्णाम्		चतसृणाम्
L.	त्रिषु		तिसृषु	चतुर्षु		चतसृषु

Die Zahlen पञ्चन् und सप्तन् bis दशन् und die mit दशन् schliessenden haben ohne Unterschied der Geschlechter NAV. पञ्च I. पञ्चभिस् DAb. पञ्चभ्यस् G. पञ्चानाम् L. पञ्चसु । अष्टन् hat auch NAV. अष्टौ I. अष्टाभिस् DAb. अष्टाभ्यस् L. अष्टासु । षष् hat NAV. षट् I. षड्भिस् DAb. षड्भ्यस् G. षण्णाम् L. षट्सु ।

98. Die Zahlen 20 bis 99 sind Sing. f. 100 शत und 1000 सहस्र Sing. n. und haben die gezählten Dinge entweder als Apposition in gleichem Casus des Plur. oder im G. Plur. neben sich.

99. Ordinalia. Stämme: 1 प्रथम । 2 द्वितीय । 3 तृतीय । 4 चतुर्थ । 5 पञ्चम । 6 षष्ठ । 7 सप्तम । 8 अष्टम । 9 नवम । 10 दशम । 11 एकादश । 12 द्वादश u. s. w. 20 विंशतितम oder विंश । 30 त्रिंशत्तम oder त्रिंश । 40 चत्वारिंशत्तम oder चत्वारिंश । 50 पञ्चाशत्तम oder पञ्चाश । 60 nur षष्टितम aber 61 एकषष्टितम oder एकषष्ट । 70 सप्ततितम । 71 एकसप्ततितम oder एकसप्तत । 80 अशीतितम । 81 एकाशीतितम oder एकाशीत । 90 नवतितम । 91 एकनवतितम oder एकनवत । 100 शततम । 1000 सहस्रतम ।

100. Andere Ableitungen von Zahlwörtern.

Adverbia: सकृत् einmal, द्विस् zweimal, त्रिस् dreimal, चतुस् viermal, पञ्चकृत्वस् fünfmal u. s. w.

एकधा einfach, द्विधा oder द्वेधा zweifach, त्रिधा oder त्रेधा dreifach, चतुर्धा vierfach, षोढा sechsfach u. s. w.

एकशस् einzeln, द्विशस् zu zweien, त्रिशस् zu dreien, सर्वशस् sämmtlich.

Substantiva: द्वय n. oder द्वितय n. ein Paar, त्रय n. oder त्रितय n. oder त्रयी f. Dreizahl, चतुष्टय n. Vierzahl, पञ्चतय n. Fünfzahl u. s. w.

Pronomina.

101. Pronomina der ersten Person, Stamm Sing. मद् Pl. अस्मद् und der zweiten Person, Stamm Sing. त्वद् Plur. युष्मद् ।

	Sing.		Plur.	
N.	अहम्	त्वम्	वयम्	यूयम्
A.	माम्	त्वाम्	अस्मान्	युष्मान्
I.	मया	त्वया	अस्माभिस्	युष्माभिस्
D.	मह्यम्	तुभ्यम्	अस्मभ्यम्	युष्मभ्यम्
Ab.	मत्	त्वत्	अस्मत्	युष्मत्
G.	मम	तव	अस्माकम्	युष्माकम्
L.	मयि	त्वयि	अस्मासु	युष्मासु

Du.

NA.	आवाम्	युवाम्
IDAb.	आवाभ्याम्	युवाभ्याम्
GL.	आवयोस्	युवयोस्

Enklitische Nebenformen sind: Sg. A. मा त्वा DG. मे ते Du. ADG. नौ वाम् Pl. ADG. नस् वस् ।

102. Stamm: इदम् dieser.

Sing.	m.	f.	Plur.	m.	f.
N.	अयम्	इयम्	N.	इमे	इमास्
A.	इमम्	इमाम्	A.	इमान्	इमास्
I.	अनेन	अनया	I.	एभिस्	आभिस्
D.	अस्मै	अस्यै	DAb.	एभ्यस्	आभ्यस्
Ab.	अस्मात्	अस्यास्	G.	एषाम्	आसाम्
G.	अस्य		L.	एषु	आसु
L.	अस्मिन्	अस्याम्			

Du.

NAV.	इमौ	इमे
IDAb.	आभ्याम्	
GL.	अनयोस्	

Neutr. NA. Sg. इदम् Du. इमे Plur. इमानि । Die übrigen Casus wie im Masc.

103. Stamm: अदस् jener.

	Sing. m.	Sing. f.		Plur. m.	Plur. f.
N.	असौ	असौ	N.	अमी	अमूस्
A.	अमुम्	अमूम्	A.	अमून्	अमूस्
I.	अमुना	अमुया	I.	अमीभिस्	अमूभिस्
D.	अमुष्मै	अमुष्यै	DAb.	अमीभ्यस्	अमूभ्यस्
Ab.	अमुष्मात्		G.	अमीषाम्	अमूषाम्
G.	अमुष्य	अमुष्यास्	L.	अमीषु	अमूषु
L.	अमुष्मिन्	अमुष्याम्			

Du.

	m. f. n.
NAV.	अमू
IDAb.	अमूभ्याम्
GL.	अमुयोस्

Neutr. NA. Sing. अदस् Plur. अमूनि ।

104. Stamm: तद् der.

	Sing. m.	Sing. f.		Plur. m.	Plur. f.
N.	सस्	सा	N.	ते	तास्
A.	तम्	ताम्	A.	तान्	तास्
I.	तेन	तया	I.	तैस्	ताभिस्
D.	तस्मै	तस्यै	DAb.	तेभ्यस्	ताभ्यस्
Ab.	तस्मात्		G.	तेषाम्	तासाम्
G.	तस्य	तस्यास्	L.	तेषु	तासु
L.	तस्मिन्	तस्याम्			

Du.

NA.	तौ	ते
IDAb.	ताभ्याम्	
GL.	तयोस्	

Neutr. NA. Sing. तत् Du. ते Plur. तानि ।

Nach dieser *pronominalen Declination* werden die folgenden Stämme mit den dabei bemerkten Abweichungen flectirt, wenn sie nicht in Composition oder in anderen Bedeutungen stehen (§ 58).

105. Stamm: त्यद् der (Sg. N. स्यस् स्या त्यत्) — Stamm एतद् dieser (Sg. N. एषस् एषा एतत्) — Stamm एनद् er, nur im A. der drei Zahlen, I. Sing. und GL. Du. vorhanden.

Ueber den N. सस् und एषस् vergl. § 36 Ausn.

106. Stamm: किम् wer? (N. Sing. कस् का किम्) — Stamm: यद् welcher (N. Sing. यस् या यत्).

107. Stamm: अन्य ander (अन्यस् अन्या अन्यत्), अन्यतर einer (von zweien), इतर ander, एकतम einer (von vielen), कतर welcher? (von zweien), कतम welcher? (von vielen), ततर der (von zweien), ततम der (von vielen), त्व einer, यतर welcher (von zweien), यतम welcher (von vielen).

108. Eben so, nur N. Sing. n. म्, उभय beide, एक ein, एकतर einer (von zweien), विश्व सम सिम सर्व all, jeder, नेम halb, letzteres N. Pl. m. auch नेमास् ।

109. Wie § 108, aber im Ab. L. Sg. m. n. und im N. Pl. m. auch nach der nominalen Declination, Stamm: अधर untere, अन्तर äussere, अपर ander, अवर hinter, westlich, उत्तर obere, nördlich, दक्षिण rechts, südlich, पर später, पूर्व früher, östlich, स्व eigen.

110. Die Stämme अर्ध halb, अल्प wenig, कतिपय einige, चरम letzte, प्रथम erste, द्वय zweite, द्वितय zwiefach, und ähnlich gebildete Zahlwörter können den N. Pl. m. und die Stämme द्वितीय und तृतीय den ganzen Sing. nach der pronominalen Declination (§ 108) bilden.

111. Die Stämme कति wie viele? तति so viele, यति wie viele, bleiben im NA. unverändert; die übrigen Casus sind die des Plur. (§ 60.)

112. कियत् wie viel? wie gross? इयत् तावत् एतावत् so viel, यावत् wie viel, werden nach § 80 flectirt: m. कियान्, कियन्तम् ।

113. Durch Anfügung von चित् चन oder अपि an किम् in allen Casus und sonstigen Bildungen bekommen dieselben die Bedeutung eines unbestimmten Pronomen: कश्चित् कश्चन कोऽपि (§. 36) irgend wer, कथंचित् कथंचन कथमपि irgend wie, क्वचित् क्वचन क्वापि irgend wo.

Conjugation.

114. Conjugation besteht in der Verbindung der Personalendungen mit der Wurzel oder dem Stamme.

115. Zur Bezeichnung der Personen dienen zwei Reihen von Endungen; die eine bildet transitive Formen (Parasmaipada), die andere intransitive, (Âtmanepada).

116. Das Sanskrit hat Formen für folgende Tempora und Modi: 1. Präsens, 2. Potentialis, 3. Imperativ, 4. Imperfectum, 5. Aorist, 6. Perfectum, 7. Futurum, 8. Conditionalis, 9. Precativ.

117. Die vier ersten dieser Formen (Specialformen) werden aus den Stämmen gebildet, welche in zehn verschiedenen Weisen aus den Wurzeln entstehen (10 Classen): 1. W. बुध् St. बोध । 2. द्विष् द्विष् । 3. हु जुहु । 4. दिव् दीव्य (§ 41). 5. सु सुनु । 6. तुद् तुद । 7. रुध् रुन्ध् । 8. तन् तनु । 9. क्री क्रीणी (§ 49). 10. चुर् चोरय । — Die übrigen (allgemeinen) Formen werden unmittelbar aus den Wurzeln gebildet. Nur die Verba der 10. Cl. bilden auch einige allgemeine Formen aus dem Stamme.

Specialformen.

118. Die Classen 1, 6, 4 und 10 bilden die Erste Conjugation, in deren Specialformen der Stamm unverändert bleibt: 1. Präs. बोधामि । Pot. बोधेयम् । Imper. बोधानि । Impf. अबोधम् । Eben so 6. तुदामि । 4. दीव्यामि । 10. चोरयामि ।

119. In der Zweiten Conjugation, welche die übrigen Classen umfasst, werden einige Specialformen (die schwachen Formen) aus dem einfachen, andere (die starken) aus dem verstärkten Stamme gebildet. Die Verstärkungen sind: 2. द्विष् द्वेष् । 3. जुहु जुहो । 5. सुनु सुनो । 7. रुन्ध् रुणध् (§ 49). 8. तनु तनो । 9. क्रीणी क्रीणा । Siehe die Paradigmen.

120. Das Augment ist अ welches mit einem anlautenden Wurzelvocale Vriddhi bildet. Nach der verbietenden Partikel मा wird es meistens, aber auch sonst zuweilen weggelassen.

121. **Reduplication.** Die allgemeinen Regeln derselben für die Consonanten sind:

1) aspirirte Consonanten werden reduplicirt durch die entsprechenden nicht aspirirten: थ durch त। फ durch प। ध durch द। भ durch ब।
2) Gutturale durch die entsprechenden Palatalen mit Befolgung der vorigen Regel: क und ख durch च। ग घ und ह durch ज।
3) verbundene Consonanten durch den Stellvertreter des ersten: द्रु durch द। क्र durch च।
4) ist der erste von verbundenen Consonanten ein Zischlaut und der zweite ein harter, so tritt in die Reduplication der Stellvertreter des zweiten: स्त तस्त। स्थ तस्थ। स्क चस्क।

122. In die Reduplication der dritten Verbalclasse tritt die Kürze des Wurzelvocals: हु जुहु। भी बिभी। धा दधा। Für ऋ tritt इ ein: भृ बिभृ। Ausnahmen s. §§ 138. 139.

123. **Paradigmen.** Die Formen der 6., 4. und 10. Classe ergeben sich aus denen der 1., die Formen der 8. Classe aus denen der 5.

Erste Conjugation.

Erste Classe.

Präsens.

Parasmaipada.			Atmanepada.		
S. भवामि	D. भवावस्	P. भवामस्	S. भवे	D. भवावहे	P. भवामहे
भवसि	भवथस्	भवथ	भवसे	भवेथे	भवध्वे
भवति	भवतस्	भवन्ति	भवते	भवेते	भवन्ते

Potentialis.

S. भवेयम्	D. भवेव	P. भवेम	S. भवेय	D. भवेवहि	P. भवेमहि
भवेस्	भवेतम्	भवेत	भवेथास्	भवेयाथाम्	भवेध्वम्
भवेत्	भवेताम्	भवेयुस्	भवेत	भवेयाताम्	भवेरन्

Imperativ.

S. भवानि	D. भवाव	P. भवाम	S. भवै	D. भवावहै	P. भवामहै
भव	भवतम्	भवत	भवस्व	भवेथाम्	भवध्वम्
भवतु	भवताम्	भवन्तु	भवताम्	भवेताम्	भवन्ताम्

Parasmaipada.			Atmanepada.		

Imperfectum.

S. अभवम्	D. अभवाव	P. अभवाम	S. अभवे	D. अभवावहि	P. अभवामहि
अभवस्	अभवतम्	अभवत	अभवथास्	अभवेथाम्	अभवध्वम्
अभवत्	अभवताम्	अभवन्	अभवत	अभवेताम्	अभवन्त

Zweite Conjugation.

Zweite Classe.

Präsens.

S. द्वेष्मि	D. द्विष्वस्	P. द्विष्मस्	S. द्विषे	D. द्विष्वहे	P. द्विष्महे
द्वेक्षि	द्विष्ठस्	द्विष्ठ	द्विक्षे	द्विषाथे	द्विड्ढ्वे
द्वेष्टि	द्विष्टस्	द्विषन्ति	द्विष्टे	द्विषाते	द्विषते

Potentialis.

S. द्विष्याम्	D. द्विष्याव	P. द्विष्याम	S. द्विषीय	D. द्विषीवहि	P. द्विषीमहि
द्विष्यास्	द्विष्यातम्	द्विष्यात	द्विषीथास्	द्विषीयाथाम्	द्विषीध्वम्
द्विष्यात्	द्विष्याताम्	द्विष्युस्	द्विषीत	द्विषीयाताम्	द्विषीरन्

Imperativ.

S. द्वेषाणि	D. द्वेषाव	P. द्वेषाम	S. द्वेषै	D. द्वेषावहै	P. द्वेषामहै
द्विड्ढि	द्विष्टम्	द्विष्ट	द्विक्ष्व	द्विषाथाम्	द्विड्ढ्वम्
द्वेष्टु	द्विष्टाम्	द्विषन्तु	द्विष्टाम्	द्विषाताम्	द्विषताम्

Imperfectum.

S. अद्वेषम्	D. अद्विष्व	P. अद्विष्म	S. अद्विषि	D. अद्विष्वहि	P. अद्विष्महि
अद्वेट्	अद्विष्टम्	अद्विष्ट	अद्विष्ठास्	अद्विषाथाम्	अद्विड्ढ्वम्
अद्वेट्	अद्विष्टाम्	अद्विषन्	अद्विष्ट	अद्विषाताम्	अद्विषत

Dritte Classe.

Präsens.

S. जुहोमि	D. जुहुवस्	P. जुहुमस्	S. जुह्वे	D. जुहुवहे	P. जुहुमहे
जुहोषि	जुहुथस्	जुहुथ	जुहुषे	जुह्वाथे	जुहुध्वे
जुहोति	जुहुतस्	जुह्वति	जुहुते	जुह्वाते	जुह्वते

Parasmaipada.			Atmanepada.		

Potentialis.

S. जुहुयाम्	D. जुहुयाव	P. जुहुयाम	S. जुह्वीय	D. जुह्वीवहि	P. जुह्वीमहि
जुहुयास्	जुहुयातम्	जुहुयात	जुह्वीथास्	जुह्वीयाथाम्	जुह्वीध्वम्
जुहुयात्	जुहुयाताम्	जुहुयुस्	जुह्वीत	जुह्वीयाताम्	जुह्वीरन्

Imperativ.

S. जुहवानि	D. जुहवाव	P. जुहवाम	S. जुहवै	D. जुहवावहै	P. जुहवामहै
जुहुधि	जुहुतम्	जुहुत	जुहुष्व	जुह्वाथाम्	जुहुध्वम्
जुहोतु	जुहुताम्	जुह्वतु	जुहुताम्	जुह्वाताम्	जुह्वताम्

Imperfectum.

S. अजुहवम्	D. अजुहुव	P. अजुहुम	S. अजुह्वि	D. अजुहुवहि	P. अजुहुमहि
अजुहोस्	अजुहुतम्	अजुहुत	अजुहुथास्	अजुह्वाथाम्	अजुहुध्वम्
अजुहोत्	अजुहुताम्	अजुहवुस्	अजुहुत	अजुह्वाताम्	अजुह्वत

Fünfte Classe.

Präsens.

S. सुनोमि	D. सुनुवस्	P. सुनुमस्	S. सुन्वे	D. सुनुवहे	P. सुनुमहे
सुनोषि	सुनुथस्	सुनुथ	सुनुषे	सन्वाथे	सुनुध्वे
सुनोति	सुनुतस्	सुन्वन्ति	सुनुते	सुन्वाते	सुन्वते

Potentialis.

S. सुनुयाम्	D. सुनुयाव	P. सुनुयाम	S. सुन्वीय	D. सुन्वीवहि	P. सुन्वीमहि
सुनुयास्	सुनुयातम्	सुनुयात	सुन्वीथास्	सुन्वीयाथाम्	सुन्वीध्वम्
सुनुयात्	सुनुयाताम्	सुनुयुस्	सुन्वीत	सुन्वीयाताम्	सुन्वीरन्

Imperativ.

S. सुनवानि	D. सुनवाव	P. सुनवाम	S. सुनवै	D. सुनवावहै	P. सुनवामहै
सुनु	सुनुतम्	सुनुत	सुनुष्व	सुन्वाथाम्	सुनुध्वम्
सुनोतु	सुनुताम्	सुन्वन्तु	सुनुताम्	सुन्वाताम्	सुन्वताम्

Imperfectum.

S. असुनवम्	D. असुनुव	P. असुनुम	S. असुन्वि	D. असुनुवहि	P. असुनुमहि
असुनोस्	असुनुतम्	असुनुत	असुनुथास्	असुन्वाथाम्	असुनुध्वम्
असुनोत्	असुनुताम्	असुन्वन्	असुनुत	असुन्वाताम्	असुन्वत

Siebente Classe.

Präsens.

Parasmaipada. S.	D.	P.	Atmanepada. S.	D.	P.
रुणध्मि	रुन्ध्वस्	रुन्ध्मस्	रुन्धे	रुन्ध्वहे	रुन्ध्महे
रुणत्सि	रुन्द्धस्	रुन्द्ध	रुन्त्से	रुन्धाथे	रुन्द्ध्वे
रुणद्धि	रुन्द्धस्	रुन्धन्ति	रुन्द्धे	रुन्धाते	रुन्धते

Potentialis.

S.	D.	P.	S.	D.	P.
रुन्ध्याम्	रुन्ध्याव	रुन्ध्याम	रुन्धीय	रुन्धीवहि	रुन्धीमहि
रुन्ध्यास्	रुन्ध्यातम्	रुन्ध्यात	रुन्धीथास्	रुन्धीयाथाम्	रुन्धीध्वम्
रुन्ध्यात्	रुन्ध्याताम्	रुन्ध्युस्	रुन्धीत	रुन्धीयाताम्	रुन्धीरन्

Imperativ.

S.	D.	P.	S.	D.	P.
रुणधानि	रुणधाव	रुणधाम	रुणधै	रुणधावहै	रुणधामहै
रुन्द्धि	रुन्द्धम्	रुन्द्ध	रुन्त्स्व	रुन्धाथाम्	रुन्द्ध्वम्
रुणद्धु	रुन्द्धाम्	रुन्धन्तु	रुन्द्धाम्	रुन्धाताम्	रुन्धताम्

Imperfectum.

S.	D.	P.	S.	D.	P.
अरुणधम्	अरुन्ध्व	अरुन्ध्म	अरुन्धि	अरुन्ध्वहि	अरुन्ध्महि
अरुणत्	अरुन्द्धम्	अरुन्द्ध	अरुन्द्धास्	अरुन्धाथाम्	अरुन्द्ध्वम्
अरुणत्	अरुन्द्धाम्	अरुन्धन्	अरुन्द्ध	अरुन्धाताम्	अरुन्धत

Neunte Classe.

Präsens.

S.	D.	P.	S.	D.	P.
क्रीणामि	क्रीणीवस्	क्रीणीमस्	क्रीणे	क्रीणीवहे	क्रीणीमहे
क्रीणासि	क्रीणीथस्	क्रीणीथ	क्रीणीषे	क्रीणाथे	क्रीणीध्वे
क्रीणाति	क्रीणीतस्	क्रीणन्ति	क्रीणीते	क्रीणाते	क्रीणते

Potentialis.

S.	D.	P.	S.	D.	P.
क्रीणीयाम्	क्रीणीयाव	क्रीणीयाम	क्रीणीय	क्रीणीवहि	क्रीणीमहि
क्रीणीयास्	क्रीणीयातम्	क्रीणीयात	क्रीणीथास्	क्रीणीयाथाम्	क्रीणीध्वम्
क्रीणीयात्	क्रीणीयाताम्	क्रीणीयुस्	क्रीणीत	क्रीणीयाताम्	क्रीणीरन्

Imperativ.

S.	D.	P.	S.	D.	P.
क्रीणानि	क्रीणाव	क्रीणाम	क्रीणै	क्रीणावहै	क्रीणामहै
क्रीणीहि	क्रीणीतम्	क्रीणीत	क्रीणीष्व	क्रीणाथाम्	क्रीणीध्वम्
क्रीणातु	क्रीणीताम्	क्रीणन्तु	क्रीणीताम्	क्रीणाताम्	क्रीणताम्

Parasmaipada.			Imperfectum.	Atmanepada.	
S. चक्रीयाम्	D. चक्रीयीव	P. चक्रीयीम	S. चक्रीयि	D. चक्रीयीवहि	P. चक्रीयीमहि
चक्रीयास्	चक्रीयीतम्	चक्रीयीत	चक्रीयीथास्	चक्रीयाथाम्	चक्रीयीध्वम्
चक्रीयात्	चक्रीयीताम्	चक्रीयन्	चक्रीयीत	चक्रीयाताम्	चक्रीयत

Erste Conjugation.

124. Folgende Wurzeln bilden die Specialformen aus den nebenstehenden Stämmen:

इष्	6.	इच्छ	दृश्	1.	पश्य	रंज्	1.	रज
ऋ	1.	ऋच्छ	ध्मा	1.	धम	रि	6.	रिय
कृत्	6.	कृन्त	गु	6.	गुव	लिप्	6.	लिम्प
कॄ	6.	किर	पा	1.	पिब	विद्	6.	विन्द
क्रम्	1.	क्राम	प्रछ्	6.	पृच्छ	व्यध्	4.	विध्य
गम्	1.	गच्छ	भ्रंश्	4.	भ्रश्य	शम्	4.	शाम्य
गुह्	1.	गूह	भ्रस्ज्	6.	भृज्ज	श्रम्	4.	श्राम्य
घ्रा	1.	जिघ्र	मद्	4.	माद्य	ष्ठिव्	1.	ष्ठीव
चम्	1.	चाम	मुच्	6.	मुंच	सञ्ज्	1.	सज
जन्	4.	जाय	मृ	6.	म्रिय	सद्	1.	सीद
दंश्	1.	दश	मृज्	1.	मार्ज	सिच्	6.	सिञ्च
दम्	4.	दाम्य	यम्	1.	यच्छ	स्था	1.	तिष्ठ
दृ	6.	द्रिय						

Zweite Conjugation.

125. In der 3 Plur. Präs. und Imper. Parasm. haben अति und अतु alle Wurzeln der 3 Classe und die reduplicirten der 2 Classe wie चकास् जक्ष् u. a. also बिभ्रति जक्षतु।

126. In der 2 Sing. Imper. Par. setzen Wurzeln der 5 und 8 Classe keine Endung an, wenn dem उ nur ein Consonant vorhergeht; gehen zwei Consonanten vorher, so tritt die Endung हि an, also चिनु आप्नुहि। — Die Endung हि tritt an vocalisch endende Wurzeln der 2, 3 und 9 Classe, इहि बिभृहि पुनीहि। Eine Ausnahme macht die Wurzel हु जुहुधि। — Die Endung धि tritt an consonantische Wurzeln der 2, 3 und 7 Classe:

पिण्ढि युंग्धि । Consonantisch endende Wörter der 9 Classe haben आन z. B. अशान ।

127. In der 3 Pl. Impf. Par. haben उस् statt अन् mit Guna eines schliessenden Vocales die Wurzeln der 3 Classe, die reduplicirten der 2 Classe und विद् । beliebig auch Wurzeln auf आ und die W. द्विष् । also अबिभयुस् अजुहवुस् । अयान् oder अयुस् ।

Zweite Classe.

128. Die Wurzeln अन् जक्ष् रुद् श्वस् स्वप् schieben इ ein vor Endungen, die mit Consonanten, य ausgenommen, anfangen; und अ oder ई vor den Endungen der 2 und 3 Sg. Impf. Par. — Präs. रोदिमि रुदिमस् Pot. रुद्याम् Imper. रुदिहि रोदितु Impf. अरोदस् oder अरोदीस् ।

129. Die Wurzel अस् sein, bildet:

Parasmaipada.		Präsens.		Atmanepada.	
अस्मि	स्वस्	स्मस्	हे	स्वहे	स्महे
असि	स्थस्	स्थ	से	साथे	ध्वे
अस्ति	स्तस्	सन्ति	स्ते	साते	सते
		Potentialis.			
स्याम्	स्याव	स्याम	सीय	सीवहि	सीमहि
स्यास्	स्यातम्	स्यात	सीथास्	सीयाथाम्	सीध्वम्
स्यात्	स्याताम्	स्युस्	सीत	सीयाताम्	सीरन्
		Imperativ.			
असानि	असाव	असाम	असै	असावहै	असामहै
एधि	स्तम्	स्त	स्व	साथाम्	ध्वम्
अस्तु	स्ताम्	सन्तु	स्ताम्	साताम्	सताम्
		Imperfectum.			
आसम्	आस्व	आस्म	आसि	आस्वहि	आस्महि
आसीस्	आस्तम्	आस्त	आस्थास्	आसाथाम्	आध्वम्
आसीत्	आस्ताम्	आसन्	आस्त	आसाताम्	आसत

130. इ Par. 3 Pl. Präs. यन्ति । Imper. यन्तु । Mit अधि Atm. अधीये अधीषे 3 Pl. अधीयते ।

131. ईड् und ईश् Atm. schieben इ ein vor Endungen die mit स् oder ध् anfangen; ईशिषे ईशिध्वे ।

132. ब्रू Par., schiebt in den starken Formen ई ein vor Endungen, die mit einem Consonanten anfangen: ब्रवीमि ।

133. विद् Par. kann im Präs. die Endungen des Perfect. annehmen: वेद वेत्थ वेद विद u. s. w. (§ 163.)

134. शास् Par. wird in schwachen Formen vor Consonanten zu शिष् also शास्मि शिष्मस् Pot. शिष्याम् Impf. अशासम् अशिष्म । In der 3 Pl. Präs. Imper. u. Impf. folgt es § 125 und 127: शासति शासतु अशासुस् ।

135. शी Atm. hat in allen Specialformen Guna, शये शेषे u. s. w. und in der 3 Pl. Präs., Imper. und Impf. शेरते शेरताम् अशेरत ।

136. हन् Par. wirft in schwachen Formen vor त und थ das न् ab, 2 Pl. Präs. हथ । hat in der 3 Pl. Präs. घ्नन्ति । Imper. घ्नन्तु । Impf. अघ्नन् । und in der 2 Sg. Imper. जहि ।

Dritte Classe.

137. दा und धा bilden die schwachen Formen aus दद् und दध् । Letzteres wird, gegen § 45, vor त् und थ् zu धत् also: दधामि दध्मस् धत्थस् u. s. w. Die 2 Sg. Imper. Par. ist देहि धेहि ।

138. निज् विज् und विष् haben in der Reduplicationssilbe Guna und lassen in der 1 Pers. der drei Zahlen des Imper. und des Sg. Impf. den Wurzelvocal unverstärkt: नेनेज्मि नेनिज्मस् नेनिजानि अनेनिजम् ।

139. मा und हा (gehen) Atm. haben in der Reduplicationssilbe इ und verwandeln in den schwachen Formen das आ in ई welches vor Vocalen abfällt: Präs. Sg. जिहे जिहीषे 3 Pl. जिहते । Impf. अजिहि अजिहीथास् 3 Pl. अजिहत । — हा (verlassen) Par. hat जहामि in schwachen Formen जही 3 Pl. जहति । Pot. जह्याम् । Imper. 2 Sg. जहाहि oder जहीहि oder जहिहि ।

Fünfte Classe.

140. Wurzeln auf Vocale können vor वस् und मस् das उ abwerfen: सुन्वस् सुन्मस् statt सुनुवस् सुनुमस् ।

141. Wurzeln auf Consonanten verwandeln उ vor Vocalen in उव् z. B. आप्नुवन्ति । (§ 40).

142. श्रु bildet die Specialformen aus dem Stamme शृणु z. B. शृणोमि ।

Achte Classe.

143. कृ bildet die starken Formen aus dem Stamme करो, die schwachen aus कुरु und wirft das उ ab vor म् य् und व् also करोमि कुर्वस् कुर्मस् कुर्याम् । — Vor वस् und मस् können auch andere Wurzeln das उ abwerfen: तन्वस् तन्मस् statt तनुवस् तनुमस् ।

Neunte Classe.

144. Mehrere Wurzeln auf lange Vocale verkürzen dieselben z. B. पू पुनामि ।

145. ज्या ज्ञा ग्रह् bilden die Specialformen aus जि ज्ञा गृह् also जिनामि जानामि गृह्णामि ।

146. बन्ध् मन्थ् u. a. werfen den Nasal aus: बध्नामि ।

Allgemeine Formen.

Aorist.

147. Erste Form. W. क्षिप् 6 (§. 124.).

अक्षिपम् अक्षिपाव अक्षिपाम अक्षिपे अक्षिपावहि अक्षिपामहि
अक्षिपस् अक्षिपतम् अक्षिपत अक्षिपथास् अक्षिपेथाम् अक्षिपध्वम्
अक्षिपत् अक्षिपताम् अक्षिपन् अक्षिपत अक्षिपेताम् अक्षिपन्त

148. Anomalien: अस् 4 आस्थम् । ख्या अख्यम् । भ्रंश् अभ्रशम् । शास् अशिषम् । ह्वे अह्वम् ।

149. Zweite Form. Kein Atmanep. W. दा 3. अदाम् अदास् अदात् u. s. w. 3 Pl. अदुस् ।

150. भू hat अभूवम् अभूस् अभूत् अभूव u. s. w. 3 Pl. अभूवन् ।

151. Dritte Form. Reduplication. Endungen wie §. 147. श्रि अशिश्रियम् ०ये । द्रु अदुद्रुवम् ०वे ।

152. नश् अनेशम् । पत् अपप्तम् । वच् अवोचम् ।

153. Diese Form ist besonders bei Wurzeln der 10 Classe, Causalen

und Denominativen gebräuchlich, welche die Silben अय abwerfen. Das vorherrschende, wenn auch nicht ausschliessliche Gesetz, dass die beiden Silben der Reduplication und der Wurzel von verschiedener Quantität sein müssen, führt oft besondere Verstärkungen der ersteren und Schwächungen der letzteren herbei. Die folgenden Beispiele von Aoristen der erwähnten abgeleiteten Verbalformen zeigen die gebräuchlichsten Bildungsweisen:

तक्ष् अततक्षम्	दीप् अदीदिपम् oder अदिदीपम्
पठ् अपीपठम्	स्तृ अतस्तरम्
क्रम् अचिक्रमम्	वृत् अवीवृतम् oder अववर्तम्
भ्राज् अबिभ्रजम् oder अबभ्राजम्	मृज् अमीमृजम् oder अममार्जम्
भाष् अबीभषम् oder अबभाषम्	कृत् अचीकृतम् oder अचिकीर्तम्
भिद् अबीभिदम्	द्युत् अदिद्युतम्
बुध् अबूबुधम्	स्था अतिष्ठिपम्
क्षिप् अचिक्षिपम्	अर्च् आर्चिचम्
क्रुध् अचुक्रुधम्	इन्ध् ऐन्दिधम्

154. Vierte Form. W. दिश्।

अदिक्षम्	अदिक्षाव	अदिक्षाम	अदिक्षि	अदिक्षावहि	अदिक्षामहि
अदिक्षस्	अदिक्षतम्	अदिक्षत	अदिक्षथास्	अदिक्षाथाम्	अदिक्षध्वम्
अदिक्षत्	अदिक्षताम्	अदिक्षन्	अदिक्षत	अदिक्षाताम्	अदिक्षन्त

155. Fünfte Form. W. नी।

अनैषम्	अनैष्व	अनैष्म	अनेषि	अनेष्वहि	अनेष्महि
अनैषीस्	अनैष्टम्	अनैष्ट	अनेष्ठास्	अनेषाथाम्	अनेढ्वम्
अनैषीत्	अनैष्टाम्	अनैषुस्	अनेष्ट	अनेषाताम्	अनेषत

Der Wurzelvocal hat im Par. Vriddhi; im Atman. hat er Guna bei Wurzeln auf इ ई उ ऊ und bleibt unverändert bei Wurzeln auf ऋ oder auf Consonanten. — दृश् अद्राक्षम् (§ 10).

156. Die mit त oder थ beginnenden Endungen werfen das स् derselben ab, wenn ihnen ein kurzer Vocal oder ein nicht nasaler Consonant vorhergeht; desgleichen nach den Wurzeln दा दे दो धे धा स्था, welche im Atm. diese Form annehmen und ihren Vocal in इ verwandeln: 2 Pl. Par. अक्षैप्त। 2 Sg. Atm. अकृथास्। 3 Sg. अकृत अस्थित अधित।

157. ध्वम् 2 Pl. Atm. wird ढ्वम् 1) nothwendig (ausser nach § 46),

wenn es unmittelbar an eine Wurzel tritt, welche auf einen anderen Vocal als आ endet; 2) beliebig nach dem Bindevocal इ welchem ein Halbvocal oder ह् vorhergeht: अकृढ्वम् अलविध्वम् oder °ढ्वम्।

158. Sechste Form. W. बुध्।

अबोधिषम् अबोधिष्व अबोधिष्म अबोधिषि अबोधिष्वहि अबोधिष्महि
अबोधीस् अबोधिष्टम् अबोधिष्ट अबोधिष्ठास् अबोधिषाथाम् अबोधिध्वम्
अबोधीत् अबोधिष्टाम् अबोधिषुस् अबोधिष्ट अबोधिषाताम् अबोधिषत

159. Wurzeln auf Vocale haben im Par. Vriddhi, im Atman. Guna: लू अलाविषम् अलविषि। Wurzeln auf Consonanten haben in beiden Formen Guna, wie बुध्। Der Wurzelvocal अ wird im Par. verlängert in वद् व्रज् und in Wurzeln auf र् und ल्। In anderen Wurzeln mit अ auf einfache Consonanten ist die Verlängerung beliebig; in यह् श्वस् und einigen anderen tritt sie nie ein.

160. Siebente Form. Nur Par. — W. या।

अयासिषम् अयासिष्व अयासिष्म
अयासीस् अयासिष्टम् अयासिष्ट
अयासीत् अयासिष्टाम् अयासिषुस्

Perfectum.

161. Anfangsconsonanten der Wurzeln werden reduplicirt nach § 121, mit dem kurzen Wurzelvocal. Für mittlere Guna- und Vriddhi-Vocale tritt ihre Kürze ein (§ 10); für dieselben am Ende so wie für ऋ ॠ und ऌ tritt अ ein; सेव् सिषेव। (§ 50) गै जगौ। कृ चकार। तॄ ततार। कॢप् चकल्प।

162. Wurzeln mit anlautendem अ vor einfachen Consonanten oder mit anlautendem आ haben आ z. B. अद् आद। आप् आप। Wurzeln mit anlautendem अ vor zwei Consonanten oder mit anlautendem ऋ haben आन् z. B. अर्च् आनर्च। ऋध् आनर्ध। Anlautende इ und उ werden in der Reduplicationssilbe der starken Formen (§ 166) zu इय् und उव्; in den schwachen fliesst die Reduplication mit dem Wurzelvocal zu dessen Länge zusammen: इष् इयेष ईष्। उष् उवोष ऊष्।

163. Die Personalendungen sind:

Par.			Atm.		
अ	व	म	ए	वहे	महे
थ	अथुस्	अ	से	आथे	ध्वे
अ	अतुस्	उस्	ए	आते	रे

ध्वे wird ढ्वे nach § 157.

164. Die consonantischen Endungen werden meistens durch den Bindevocal इ angehängt; रे immer (ausser im Veda). In einigen Fällen ist der Bindevocal beliebig, z. B. निनेथ oder निनयिथ। Bei den Wurzeln कृ स्रु द्रु स्तु श्रु भृ वृ सृ tritt er nur vor रे ein: शुश्रोथ शुश्रुम शुश्रुविरे। चकर्थ चकृम चक्रिरे।

165. Wurzeln auf आ oder Diphthongen werfen ihren Vocal vor vocalischen Endungen und dem Bindevocal इ ab: धा दधाथ oder दधिथ दधिव दधुस्।

166. Consonantisch an- und auslautende Wurzeln, welche eine lange Silbe bilden, lassen ihren Vocal in allen Formen unverändert: बन्ध् बबन्ध बबन्धिम। प्रछ् पप्रच्छ पप्रच्छिम। निन्द् निनिन्द निनिन्दिम। मील् मिमील मिमीलिम। Andere Wurzeln verstärken den Vocal im Sing. Par. (den starken Formen) und lassen ihn schwach in den übrigen (schwachen) Formen:

तुतोद	तुतुदिव	तुतुदिम	तुतुदे	तुतुदिवहे	तुतुदिमहे
तुतोदिथ	तुतुदथुस्	तुतुद	तुतुदिषे	तुतुदाथे	तुतुदिध्वे
तुतोद	तुतुदतुस्	तुतुदुस्	तुतुदे	तुतुदाते	तुतुदिरे

167. In den starken Formen haben:

1) mittlere इ उ ऋ Guna;
2) auslautende इ ई उ ऊ ऋ ॠ in der 1 Pers. Guna oder Vriddhi, in der 2 Pers. Guna, in der 3 Pers. Vriddhi: नी 1. निनय oder निनाय 2. निनेथ oder निनयिथ 3. निनाय।
3) mittleres अ vor einfachen Consonanten wird in der 1 Pers. beliebig verlängert, in der 3 Pers. immer: पच् 1. पपाच oder पपच 3. पपाच। Die 2 Pers. wird entweder ohne Bindevocal पपक्थ oder nach § 169 gebildet.
4) auslautende आ und Diphthonge haben in der 1 und 3 Pers. औ। धा दधौ। 2 Pers. दधाथ oder दधिथ v. § 165.

168. In den schwachen Formen werden im Auslaute:

1) इ und ई nach einfachen Consonanten zu य् नी निन्यिव । nach zwei Consonanten zu इय् क्री चिक्रियिव ।

2) उ und ऊ immer zu उव् दु दुदुविव ।

3) ऋ nach einfachen Consonanten zu र् धृ दध्रिव । nach zwei Consonanten zu अर् स्मृ सस्मरिव ।

4) ॠ meistens zu अर् कॄ चकरिव । bei einigen Wurzeln beliebig: पॄ पपरिव oder पप्रिव ।

5) आ und Diphthongen s. § 165.

169. Wurzeln mit अ zwischen einfachen Consonanten, deren erster weder व noch ein solcher ist, welcher in der Reduplication einen Stellvertreter setzt (§ 121, 1. 2.), unterlassen in den schwachen Formen die Reduplication und verwandeln das अ in ए । पच् पेचिव । — Dieselbe Bildung tritt ein in der 2 Sg. Par. vor dem Bindevocal इ पेचिथ । aber ohne denselben पपक्थ (§ 167, 3).

170. Auch mehrere andere Wurzeln bilden ihre schwachen Formen nach § 169, theils immer, wie भज् भेजिव । theils beliebig, wie त्रस् तत्रसिव oder त्रेसिव । राज् रराजिव oder रेजिव ।

171. जि hat जिगाय जिग्यिव । हि जिघाय । चि चिचाय oder चिकाय ।

172. भू hat बभूव बभूविव बभूवुस् ।

173. Von अह् sind nur die 2 Sg. u. Du. आत्थ आहथुस् und die 3 Pers. der drei Zahlen आह आहतुस् आहुस् in Gebrauch.

174. Anomalien in der Reduplication und den schwachen Formen:

गम्	जगाम	जग्मिव	स्वप्	सुष्वाप	सुषुपिव
खन्	चखान	चख्निव	यज्	इयाज	ईजिव
घस्	जघास	जक्षिव	वच्	उवाच	ऊचिव
जन्	जजान	जज्ञिव	ebenso: वद् वप् वश् वस् वह्		
हन्	जघान	जघ्निव	द्युत्	दिद्युते	
ग्रह्	जग्राह	जगृहिव	ह्वे	जुहाव	जुहुविव
व्यच्	विव्याच	विविचिव			
व्यध्	विव्याध	विविधिव			

175. Periphrastisches Perfectum. An den Stamm des Verbum wird

die Silbe आम् gehängt und an diese das Perfect von कृ भू oder अस् gefügt, das erste im Atm. wenn das Verbum selbst im Atm. flectirt wird.

176. Dieses Perfectum tritt ein:

1) bei einsilbigen Wurzeln, welche mit einem andern Vocal als अ आ anlauten und eine prosodisch lange Silbe bilden: एध् एधांचकार एधांबभूव oder एधामास। Auch bei आस्।
2) bei mehrsilbigen Wurzeln: चकासांचकार।
3) bei Wurzeln der zehnten Classe und abgeleiteten Verben: चोरयामास।
4) beliebig bei: उष् ओषाम्। विद् विदाम्। जागृ जागराम्। भी बिभयाम्। ह्री जिह्रयाम्। भृ बिभराम्। हु जुहवाम्।

Futurum.

177. Der Character des Futurum ist स्य oder mit dem Bindevocal इष्य (§ 50). An diesen treten die Personalendungen des Präsens der ersten Conjugation im Par. und Atm.

178. दा दास्यामि। गै गास्यामि। नी नेष्यामि। भू भविष्यामि। बुध् भोत्स्ये (§ 22 u. 44); वच् वक्ष्यामि (§ 50); ग्रह् ग्रहीष्यामि। दृश् द्रक्ष्यामि (§ 10); चुर् चोरयिष्यामि (§ 117).

179. Periphrastisches Futurum. Es besteht aus der Verbindung eines Nominativs des Partic. Fut. Act. auf तृ (§ 68) mit dem Präsens der Wurzel अस् (§ 129), welches letztere aber in den dritten Personen gewöhnlich weggelassen wird.

Par.			Atm.		
दातास्मि	दातास्वस्	दातास्मस्	दाताहे	दातास्वहे	दातास्महे
दातासि	दातास्थस्	दातास्थ	दातासे	दातासाथे	दाताध्वे
दाता	दातारौ	दातारस्	दाता	दातारौ	दातारस्

180. Das Suffix तृ wird an die durch Guna verstärkte Wurzel gefügt, entweder ohne oder mit dem Bindevocal इ z. B. कृ कर्तृ। भू भवितृ। बुध् बोद्धृ (§ 45), ग्रह् hat ग्रहीतृ (vergl. § 178.)

Conditionalis.

181. Der Conditionalis wird aus dem einfachen Futurum ebenso gebildet, wie das Imperfectum aus dem Präsens, also (§ 178): अदास्यम् अदास्ये । अनेष्यम् अनेष्ये । अभविष्यम् अभविष्ये u. s. w. Die Endungen sind die des Imperfectum.

Precativ.

182. Parasmaipadam. Endungen:

यासम्	यास्व	यास्म
यास्	यास्तम्	यास्त
यात्	यास्ताम्	यासुस्

z. B. बुध्यासम् ।

183. Verwandlung auslautender Vocale:

1) आ und Diphthongen werden meistens zu ए z. B. दा देयात् । स्था स्थेयात् । पा trinken पेयात् । पा schützen पायात् । Bei einigen, die mit zwei Consonanten beginnen, kann आ oder ए stehen: घ्रा घ्रायात् oder घ्रेयात् ।

2) इ und उ werden lang: चि चीयात् । Die Wurzel इ bleibt kurz nach Präpositionen: उदियात् aber ईयात् ।

3) ऋ nach einfachen Consonanten wird रि, aber in den Wurzeln ऋ und जागृ und nach zwei Consonanten अर् । कृ क्रियात् । अर्यात् । जागर्यात् । स्मृ स्मर्यात् ।

4) ॠ wird ईर् oder ऊर् (§ 42): कॄ कीर्यात् । पॄ पूर्यात् ।

184. Die Silben अय der 10. Classe und abgeleiteten Verba werden abgeworfen: चुर् चोर्यात् ।

185. Die Wurzeln खन् जन् सन् bilden खन्यात् oder खायात् u. s. w.

186. Mehrere Wurzeln mit vorletztem Nasal werfen diesen aus: मन्थ् मथ्यात् ।

187. ऊह् wird nach Präpositionen verkürzt: उह्यात् समुह्यात् ।

188. Mehrere Wurzeln werden in anderer Weise geschwächt, z. B. शास् zu शिष् । यज् इज् । व्यच् विच् । व्यध् विध् । — ग्रह् प्रच्छ् भ्रस्ज् व्रश्च् zu गृह् u. s. w. — वच् वद् वप् वश् वस् वह् zu उच् u. s. w. — ह्वे zu हू । श्वि zu शू । वे zu ऊ । व्ये zu वी ।

189. Atmanepadam. Endungen:

सीय	सीवहि	सीमहि
सीष्ठास्	सीयास्थाम्	सीध्वम्
सीष्ट	सीयास्ताम्	सीरन्

Mit dem Bindevocal इषीय u. s. w. Aus षीध्वम् wird षीढ्वम् nach § 157, also कृषीढ्वम् । लविषीध्वम् oder लविषीढ्वम् । aber nur बोधिषीध्वम् ।

190. Wenn die Endungen ohne Bindevocal antreten, lassen Wurzeln auf ऋ und mit mittleren इ उ ऋ ihren Vocal unverändert; schliessendes ॠ wird zu ईर् und nach Labialen zu ऊर् । कृ कृषीय । बुध् भुत्सीय (§ 22. 44), कॄ कीर्षीय । पॄ पूर्षीय । Bei anderen Endvocalen und vor dem Bindevocal इ tritt Guna ein: चि चेषीय । लू लविषीय । बुध् बोधिषीय ।

Passivum.

191. **Specialformen.** An die Wurzel tritt die Silbe य und an diesen Stamm die Endungen des Atmanepadam: तुद्यते छिद्यते ।

192. Die Wurzeln auf आ und Diphthonge haben theils आ wie ज्ञा kennen ज्ञायते । पा schützen पायते । theils ई wie दा geben दीयते । पा trinken पीयते । गै singen गीयते । Bei anderen Wurzeln gelten die Regeln des Precativ § 183—188, also श्रूयते क्रियते स्मर्यते गीर्यते पूर्यते गृह्यते उच्यते । Die Wurzel इ hat immer langes ई ।

193. **Allgemeine Formen.** Hier treten die Bildungen des Atmanep. ein mit folgenden Ausnahmen.

194. In dem periphrastischen Perfect nehmen auch die Hülfsverba अस् und भू die Formen des Atm. an (§ 175).

195. Die 3 Sg. Aor. endet auf इ in folgender Weise: नी अनायि । लू अलावि । कृ अकारि । छिद् अच्छेदि । बुध् अबोधि । दृश् अदर्शि । पच् अपाचि । aber जन् अजनि । हन् अघानि oder अवधि । दा अदायि ।

196. Statt der Formen des Atm. können für die übrigen Personen des Aorist, für Fut. Condit. und Prec. noch besondere passivische Formen gebildet werden, indem die Personalendungen an die 3 Sg. Aor. (§ 195) angehängt werden. Diese Bildung kann eintreten bei Wurzeln auf Vocale, abgeleiteten Verben und den Wurzeln ग्रह् दृश् हन् । So von नी neben

1 अनेषि 2 अनेष्ठास् (§ 155) auch 1 अनायिषि 2 अनायिष्ठास् । Fut. neben नेष्ये (§ 178) नायिष्ये । Von दृश् neben 1 अदृक्षि 2 अदृष्ठास् (nach § 155) auch 1 अदर्शिषि 2 अदर्शिष्ठास् । Fut. neben द्रक्ष्ये दर्शिष्ये । Von हन् neben अहसि अघानिषि । Prec. घानिषीय oder वधिषीय ।

Causativum.

197. Die Bildung des Causativum ist dieselbe wie die der 10 Classe: बुध् बोधयामि । द्विष् द्वेषयामि । पत् पातयामि । भू भावयामि । कृ कारयामि ।

198. अ vor einfachen Consonanten bleibt oft kurz: गम् गमयति, क्रम् क्रमयति । प्रथ् प्रथयति ।

199. Wurzeln auf आ setzen meistens पय an: दा दापयति । स्था स्थापयति । aber पा trinken पाययति ।

200. Einige andere Anomalien sind: ज्ञा ज्ञपयति । जि जापयति । ऋ अर्पयति । सिध् साधयति । चि चपयति । Die Wurzel इ mit der Präposition अधि bildet अध्यापयति । रुह् रोहयति und रोपयति ।

201. Der Aorist wird nach § 153 gebildet.

202. Das Passivum nach § 184: कृ कार्यते er wird zu thun veranlasst.

Desiderativum.

203. An die reduplicirte Wurzel wird स् gehängt, entweder ohne oder mit dem Bindevocal इ । Die Reduplication hat इ und nur dann उ wenn die Wurzel ein उ enthält oder ein ऋ oder ॠ welches zu ऊर् wird, z. B. पच् पिपक्ष् । पा पिपास् । क्षिप् चिक्षिप्स् । विद् विविदिष् । तुद् तुतुत्स् । मृ मुमूर्ष् । Dieser Stamm wird conjugirt wie die Verba der 6 Classe.

204. Einige besondere Bildungen von Desiderativstämmen: अर्च् अर्चिचिष् । गम् जिगांस् oder जिगमिष् । आप् ईप्स् । कृ चिकीर्ष् । ग्रह् जिघृक्ष् । गुह् जुघुक्ष् (§ 22. 50) जि जिगीष् । पत् पिपतिष् oder पित्स् । प्रच्छ् पिपृच्छिष् । लभ् लिप्स् । हन् जिघांस् ।

Intensivum.

205. Die Wurzel wird reduplicirt und die Reduplicationssilbe durch Guna, Verlängerung oder in anderen, besonderen Weisen verstärkt. Die

gewöhnlichere Conjugation ist die, dass an den Stamm die Silbe य gehängt wird und an diese die Endungen des Atm. treten: पच् पापच्यते। भिद् बेभिद्यते। दीप् देदीप्यते। शुभ् शोशुभ्यते। स्वप् सोषुप्यते। दा देदीयते। चि चेकीयते। भू बोभूयते। क्रम् चंक्रम्यते। नृत् नरीनृत्यते। वच् वनीवच्यते। पत् पनीपत्यते। चर् चञ्चूर्यते। फल् पम्फुल्यते।

Denominativa.

206. Nominalstämme können als Verbalstämme behandelt werden, gewöhnlich nachdem eine der Silben य अय स्य an sie gehängt worden; seltener ohne dieselben. Sie drücken verschiedene Beziehungen des Subjectes zu dem durch das Nomen bezeichneten Gegenstande aus, und werden nach der ersten Conjugation, theils im Par. theils im Atm. flectirt. चिर lang चिरयति चिरायति oder °ते zögern. मिश्र gemischt मिश्रयति mischen. तपस् Kasteiung तपस्यति sich kasteien. कष्ट Böses कष्टायते Böses thun. कृष्णायते sich wie Krishna betragen. अप्सरस् अप्सरायते sich wie eine Apsaras betragen. राजन् König राजायते wie ein König handeln. अशन Speise अशनायति oder अशनीयति Speise wünschen. पुत्र Sohn पुत्रीयति sich einen Sohn wünschen oder wie einen Sohn behandeln. अश्व Hengst अश्वस्यति nach dem Hengste verlangen. क्षीर Milch क्षीरस्यति nach Milch verlangen. भृश stark भृशायते stark werden. जल Wasser जलायते zu Wasser werden. अमित्र Feind अमित्रायते Feind werden. शुचि rein शुचीयते rein werden. सुमनस् fröhlich सुमनायते fröhlich werden. रोमन्थ das Wiederkäuen रोमन्थायते wiederkäuen.

Wortbildung.

207. Aus den Wurzeln werden Nomina gebildet durch Anfügung von Suffixen, welche Krit heissen. Mehrere derselben, welche von beschränkterer Anwendung und speciellerer Bedeutung sind, heissen Unâdi. Aus den so entstandenen Wörtern werden neue Nomina abgeleitet durch Suffixe, welche Taddhita heissen. Die letzte Stufe der Wortbildung ist die Composition fertiger Wörter.

208. Einige Nomina bestehen aus Wurzeln ohne Suffix, z. B. दिश् f. Himmelsgegend, भी f. Furcht, मुद् f. Freude. Jede Wurzel kann als

letztes Glied eines Compositum in der Bedeutung eines Part. Präs. Act. oder eines Adjectiv stehen, z. B. वेदविद् Vedakundig. An Wurzeln auf kurze Vocale wird in diesem Falle ein त् gefügt, z. B. विश्वजित् alles besiegend, von जि siegen; लोककृत् Weltschöpfer, von कृ machen.

Participia.

209. Das Suffix अत् an den Stamm des Präs. (§ 117) und Fut. gefügt, bildet Participia dieser Tempora im Parasm.: भवत् चोरयत् सुन्वत् भविष्यत्। Der starke Stamm ist im Fut. immer अन्त्, im Präs. nur, wenn die 3 Pl. अन्ति lautet, aber अत् wenn sie अति hat, also bei Wurzeln der 3 Classe und anderen reduplicirten Wurzeln. Vergl. § 125. Das Part. Präs. von अस् ist सत्। von हन् घ्नत्। Die Declination siehe § 77 und 78.

210. Das Suffix मान bildet Participia des Präs. Atm. der Verba der ersten Conjugation, des Fut. Atm. und des Präs. und Fut. Pass. aller Verba: भवमान भविष्यमाण (§ 49) क्रियमाण भाविष्यमाण (§ 196).

211. Das Suffix आन bildet Participia aus den Stämmen des Präs. Atm. der Verba der zweiten Conjugation (selten aus solchen der ersten), und des Perf. Atm. und Pass. (§ 193) aller Verba: द्विषाण जुह्वान सुन्वान। Perf. Atm. निन्यान चिक्रियाण दधान पेचान (§ 168 und 169). Die W. आस् hat Part. Präs. Atm. आसीन।

212. Das Suffix वस् bildet Part. Perf. Parasm. aus dem Stamm der schwachen Formen dieses Tempus: बभूवस्। Declination siehe § 91. Es wird in den starken und mittleren Casus durch den Bindevocal इ angehängt, wenn jener Stamm einsilbig ist: इण् ईयिवस् (§ 162) स्था तस्थिवस् (§ 165) तन् तेनिवस् (§ 169) यज् ईजिवस् वच् ऊचिवस् (§ 174); aber Instr. Sg. ईयुषा तस्थुषा तेनुषा ईजुषा ऊचुषा। — विद् विद्वस् (§ 133).

213. Anomalien: गम् जग्मिवस् oder जगन्वस् Instr. जग्मुषा (§ 174) हन् जघ्निवस् oder जघन्वस्। विद् विविद्विवस् oder विविद्वस्। विश् विविशिवस् oder विविश्वस्। दृश् ददृशिवस् oder ददृश्वस्।

214. Die Suffixe त und न bilden Part. Perf. Pass. Das Suffix न tritt immer unmittelbar an die Wurzel: लून लग्न। Das Suffix त theils

ohne, theils mit dem Bindevocal इ: जित नीत हुत कृत लब्ध (§. 45) पतित। Die Verba der 10 Classe und die Causativa werfen die Silben अय ab: चोरित बोधित। Die wichtigsten Gesetze und Anomalien zeigt folgendes Verzeichniss:

1) त

इष्ट von	{ यज्	दत्त	दा	लीढ	लिह्
	{ इष्	दष्ट	दंश्	विद्ध	व्यध्
उक्त	वच्	नत	नम्	वीत	व्ये
उत	वे	नद्ध	नह्	शयित	शी
उदित	वद्	पीत	पा	शान्त	शम्
उप्त	वप्	पूर्त	पॄ	शित	शो
उषित	वस्	पृष्ट	प्रच्छ्	शिष्ट {	शास्
ऊढ	वह्	बद्ध	बन्ध्		शिष्
कान्त	कम्	भृष्ट	भ्रस्ज्	शृत	श्रा
क्षत	क्षण्	भ्रान्त	भ्रम्	सक्त	सञ्ज्
खात	खन्	मत	मन्	सुप्त	स्वप्
गत	गम्	मत्त	मद्	सोढ	सह्
गीत	गै	मित	मा	स्थित	स्था
गृहीत	ग्रह्	मुग्ध }	मुह्	स्यूत	सिव्
जग्ध	घस्	मूढ }		हत	हन्
जात	जन्	यत	यम्	हित	धा
तत	तन्	रत	रम्	हूत	ह्वे

2) न

कीर्ण	कॄ	पूर्ण	पूर्	विन्न	विद्
क्षीण	क्षि	भग्न	भञ्ज्	शीर्ण	शॄ
छिन्न	छिद्	भिन्न	भिद्	सन्न	सद्
जीर्ण	जॄ	भुग्न	भुज्	स्तीर्ण	स्तॄ
तीर्ण	तॄ	मग्न	मस्ज्	हीन	हा
पन्न	पद्	विग्न	विज्		

215. Durch Anfügung des Suffixes वत् an das Part. Perf. Pass. (§ 214) entsteht ein Part. Perf. Act. z. B. कृतवत् छिन्नवत्। Declination siehe § 50.

216. Die Suffixe तव्य अनीय und य bilden Part. Fut. Pass. तव्य

wird an die durch Guna verstärkte Wurzel gefügt, zuweilen durch den Bindevocal इ z. B. चेतव्य भवितव्य बोद्धव्य कर्तव्य ग्रहीतव्य। — Das Suffix अनीय verlangt auch meistens Guna der Wurzel: भवनीय करणीय। — Das Suffix य bildet aus दा देय। चि चेय। भू भव्य oder भाव्य। कृ कार्य। बुध् बोध्य। वच् वाच्य। लभ् लभ्य।

217. Das Suffix तुम् bildet den Infinitiv aus der durch Guna verstärkten Wurzel: दा दातुम्। चि चेतुम्। भू भवितुम्। कृ कर्तुम्। दृश् द्रष्टुम् (§ 10)। बुध् बोद्धुम्। द्विष् द्वेष्टुम्। चुर् चोरयितुम्। ग्रह् ग्रहीतुम्। तॄ तरितुम् u. तरीतुम्।

218. Das Suffix त्वा bildet das Gerundium aus der einfachen Wurzel, welche meistens dieselbe Gestalt annimmt, wie vor dem Suffix त § 214, also: जि जित्वा। कृ कृत्वा। वच् उक्त्वा। दा दत्त्वा। ग्रह् गृहीत्वा। वस् उषित्वा। पा trinken पीत्वा। Die durch अय gebildeten Verba behalten diese Silben: चुर् चोरयित्वा।

219. Das Suffix य bildet das Gerundium aus Wurzeln, welche mit Präpositionen zusammengesetzt sind: प्रदाय संभूय तॄ अवतीर्य पॄ अपूर्य वच् प्रोच्य। Wurzeln auf kurze Vocale setzen त् an: विजित्य विकृत्य।

220. Wurzeln auf अम् können das म् abwerfen und dann त् ansetzen: आगम्य oder आगत्य। Einige Wurzeln auf अन् nehmen dieselbe Bildung beliebig an, andere immer: मन् अवमन्य oder अवमत्य। aber von हन् nur आहत्य। von तन् प्रतत्य। Die Wurzeln खन् und जन् bilden खन्य जन्य oder खाय जाय।

221. Vor dem Suffix अम् welches ebenfalls ein Gerundium bildet, haben schliessende Vocale Vriddhi, mittlere Guna, mittleres अ Vriddhi; schliessendes आ und Diphthongen setzen य् an: चि चायम्। कृ कारम्। विद् वेदम्। दा दायम्। गै गायम्।

Bildung der Femininstämme.

222. Nomina auf अ haben im Fem. theils आ, wie गत (§ 56) f. गता। theils ई wie देव f. देवी। Mehrere Stämme auf अक haben im Fem. इका wie पाचक f. पाचिका।

223. Nomina auf इ bleiben im Fem. meistens unverändert (§ 60). सखि hat सखी।

224. ई tritt

1) beliebig an Adj. auf उ z. B. तनु (§ 60) f. तनु oder तन्वी।

2) stets an Nomina auf ऋ welche nicht Verwandschaftswörter sind (§ 68) z. B. दातृ f. दात्री।

3) an Nomina auf इन् z. B. बलिन् f. बलिनी।

225. Consonantische Nomina mit zwei oder drei Stämmen (§ 74) hängen ई an den schwachen oder schwächsten Stamm: प्राची (§ 75) प्रतीची (§ 76) महती (§ 79) मधुमती भगवती भवती (§ 80) राज्ञी (§ 81) शुनी मघोनी (§ 82) भर्तृघ्नी (§ 84) गरीयसी (§ 90) चक्रुषी (§ 91).

226. Participia auf अत् (§ 209) bilden ihre Fem. auf ई und zwar:

1) auf अन्ती die Part. Präs. der 1, 4 und 10 Classe und der Causativa: भवन्ती बोधयन्ती।

2) auf अन्ती oder अती die Part. Präs. der 6 Classe, des Fut. und der Verba der 2 Classe auf आ z. B. तुदन्ती oder तुदती। भविष्यन्ती oder भविष्यती। यान्ती oder याती।

3) auf अती die Part. Präs. der 2 Conjugation: ददती जुह्वती सुन्वती u. s. w.

227. Anomalien: युवन् hat f. युवति। पति f. पत्नी। — भव f. भवानी। मातुल f. मातुलानी। इन्द्र f. इन्द्राणी u. a. — Einige Nomina auf वन् haben f. वरी wie पीवन् f. पीवरी।

Composition.

Verbale Composita.

228. Ebenso wie die Präpositionen können auch einige Adverbia mit gewissen Verben verbunden werden, deren Gerundium dann auf य gebildet wird (§ 219), z. B. अलम् mit कृ schmücken अलंकृत्य। अस्तम् mit गम् untergehen अस्तंगत्य। आविस् mit भू erscheinen आविर्भूय।

229. Nomina können vor die Wurzeln कृ भू अस् treten, wenn sie bedeuten: zu etwas machen oder werden. Schliessendes अ wird dann in ई verwandelt, इ und उ werden verlängert, ऋ in री verwandelt, z. B.

von शुक्ल शुक्लीकरोति । von शुचि शुचीभवति । von मृदु मृदूस्यात् । von मातृ मात्रीकरोति ।

Nominale Composita.

230. Die Vorderglieder eines Compositum stehen in der Form des Stammes. Wenn ein Nomen mehrere Stämme hat, steht der schwache oder mittlere (§ 74).

231. Mehrere Nomina erleiden in der Composition eine Veränderung. Zu Anfang eines Karmadhâraya oder Bahuvrîhi steht महा statt महत् । — Am Ende von Compositis steht z. B.

अक्ष statt अक्षि	मनस statt मनस्
अह und अह्न statt अहन्	राज statt राजन्
सक्थि statt सक्थ	रात्र statt रात्रि
गव statt गो (auch zu Anfang)	वर्चस statt वर्चस्
पाद् (schwächste Casus पद्) statt पाद	सख statt सखि ।

I. Dvandva, Copulative Composita.

232. Dvandva oder Composita deren Glieder durch die Copula und verbunden sind, haben zwei verschiedene Formen. Das Compositum kann 1) nach der Zahl der bezeichneten Gegenstände im Dual oder Plural stehen, z. B. हरिहरौ Hari und Hara, देवमनुष्यास् Götter und Menschen, अग्निवायुरवयस् Feuer, Wind und Sonne, — oder 2) im Sing. als Neutrum, z. B. दंशमशकम् Bremsen und Fliegen, शीतोष्णम् Kälte und Hitze.

233. Als Vorderglieder verwandeln mehrere Wörter auf ऋ diese Silbe in ता wie पितापुत्रौ Vater und Sohn. Einige Götternamen verlängern ihren Endvocal wie अग्नीषोमौ Agni und Soma.

II. Tatpurusha, Determinative Composita.

234. Tatpurusha heissen alle Composita, deren letztes Glied durch das vordere näher bestimmt wird, speciell aber diejenigen, in wel-

chen diese Bestimmung durch einen Casus des Vordergliedes geschieht. Das Vorderglied vertritt z. B. den Acc. in ग्रामगत in das Dorf gegangen; den Instr. in देवदत्त von Gott gegeben; den Abl. in स्वर्गपतित vom Himmel gefallen; den Gen. in राजपुत्र Königsohn.

235. In einigen Tatpurusha nimmt das Vorderglied die wirkliche Casusendung an, z. B. वाचस्पति Herr der Rede, युधिष्ठिर N. pr. fest im Kampfe, कर्णेजप Ohrenbläser.

236. Karmadhâraya heissen die Tatpurusha, deren Vorderglied eine adjectivische, adverbiale oder ähnliche nähere Bestimmung des letzten Gliedes enthält, z. B. महाराज (§ 231) grosser König; अतिमहत् sehr gross; अकृत nicht gethan.

237. Zu den Karmadhâraya gehören Composita, welche eine Vergleichung ausdrücken und in denen der Gegenstand, mit welchem verglichen wird, am Ende steht, wie पुरुषसिंह ein Mann wie ein Löwe, पुरुषव्याघ्र ein Mann wie ein Tiger, राजर्षभ ein König wie ein Stier.

238. Dvigu heissen die Tatpurusha, deren Vorderglied ein Zahlwort ist. Sie nehmen entweder die Form eines Neutrum an oder die des Fem. auf ई z. B. त्रिरात्र (§ 231) drei Nächte; त्रिलोक oder त्रिलोकी die drei Welten; पञ्चगव oder पञ्चगवी (§ 231) fünf Kühe.

III. Bahuvrîhi, Possessive Composita.

239. Bahuvrîhi sind Composita, welche adjectivisch ein Subject bezeichnen, welches den im letzten Gliede genannten Gegenstand mit dem durch das Vorderglied ausgedrückten Prädikate besitzt, z. B. महाबाहु grossarmig, द्विपाद् (§ 231) zweifüssig, अनन्त endlos, अप्रज kinderlos, निर्गन्ध geruchlos, सुहृद् gutherzig, Freund, दुर्मनस् böswillig, उद्बाहु den Arm emporhebend, सभार्य mit der Gattin seiend.

240. Im letzten Gliede verlieren Feminina ihren Charakter, also आ wird verkürzt, zuweilen auch ई ऊ und Diphthongen, z. B. दीर्घजङ्घ langbeinig, von जङ्घा। — An das ganze Compositum wird zuweilen das Suffix क gefügt, z. B. बहुभर्तृक viele Gatten habend, विशालोरस्क breite Brust habend, von उरस् die Brust, निरर्थक nutzlos.

241. Wörter welche die Hand bedeuten, stehen am Ende, z. B. पात्रहस्त ein Geschirr in der Hand habend, दण्डपाणि einen Stock in der Hand habend.

IV. Avyayîbhâva, Adverbiale Composita.

242. Avyayîbhâva sind adverbiale Composita, deren Vorderglied ein Indeclinabile ist und deren letztes Glied die Endung des Acc. Sing. Neutr. annimmt, z. B. अनुक्षणम् jeden Augenblick, असंशयम् ohne Zweifel, यथाकामम् nach Lust, यथाविधि nach Vorschrift, प्रत्यहम् (§ 231) täglich, सविनयम् höflich.

॥ अथ नलोपाख्यानम् ॥

॥ बृहदश्व उवाच ॥

आसीद्राजा नलो नाम वीरसेनसुतो बली।
उपपन्नो गुणैरिष्टै रूपवानश्वकोविदः ॥ १ ॥
अतिष्ठन्मनुजेन्द्राणां मूर्ध्नि देवपतिर्यथा।
उपर्युपरि सर्वेषामादित्य इव तेजसा ॥ २ ॥
ब्रह्मण्यो वेदविच्छूरो निषधेषु महीपतिः।
अक्षप्रियः सत्यवादी महानक्षौहिणीपतिः ॥ ३ ॥
ईप्सितो नरनारीणामुदारः संयतेन्द्रियः।
रक्षिता धन्विनां श्रेष्ठः साक्षादिव मनुः स्वयम् ॥ ४ ॥
तथैवासीद्विदर्भेषु भीमो भीमपराक्रमः।
शूरः सर्वगुणैर्युक्तः प्रजाकामः स चाप्रजः ॥ ५ ॥
स प्रजार्थे परं यत्नमकरोत्सुसमाहितः।
तमभ्यगच्छद्ब्रह्मर्षिर्दमनो नाम भारत ॥ ६ ॥
तं स भीमः प्रजाकामस्तोषयामास धर्मवित्।
महिष्या सह राजेन्द्र सत्कारेण सुवर्चसम् ॥ ७ ॥
तस्मै प्रसन्नो दमनः सभार्याय वरं ददौ।
कन्यारत्नं कुमारांश्च त्रीनुदारान्महायशाः ॥ ८ ॥
दमयन्तीं दमं दान्तं दमनं च सुवर्चसम्।
उपपन्नान्गुणैः सर्वैर्भीमान्भीमपराक्रमान् ॥ ९ ॥
दमयन्ती तु रूपेण तेजसा यशसा श्रिया।

सौभाग्येन च लोकेषु यशः प्राप सुमध्यमा ॥ १० ॥
अथ तां वयसि प्राप्ते दासीनां समलंकृतम् ।
शतं शतं सखीनां च पर्युपासच्छचीमिव ॥ ११ ॥
तत्र स्म राजते भैमी सर्वाभरणभूषिता ।
सखीमध्ये ऽनवद्याङ्गी विद्युत्सौदामनी यथा ॥ १२ ॥
अतीव रूपसम्पन्ना श्रीरिवायतलोचना ।
न देवेषु न यक्षेषु तादृग्रूपवती क्वचित् ॥ १३ ॥
मानुषेष्वपि चान्येषु दृष्टपूर्वाथ वा श्रुता ।
चित्तप्रमाथिनी बाला देवानामपि सुन्दरी ॥ १४ ॥
नलश्च नरशार्दूलो लोकेष्वप्रतिमो भुवि ।
कन्दर्प इव रूपेण मूर्तिमानभवत्स्वयम् ॥ १५ ॥
तस्याः समीपे तु नलं प्रशशंसुः कुतूहलात् ।
नैषधस्य समीपे तु दमयन्तीं पुनः पुनः ॥ १६ ॥
तयोरदृष्टकामो ऽभूच्छृण्वतोः सततं गुणान् ।
अन्योन्यं प्रति कौन्तेय स व्यवर्धत हृच्छयः ॥ १७ ॥
अशक्नुवन्नलः कामं तदा धारयितुं हृदा ।
अन्तःपुरसमीपस्थे वन आस्ते रहो गतः ॥ १८ ॥
स ददर्श ततो हंसाञ्जातरूपपरिष्कृतान् ।
वने विचरतां तेषामेकं जग्राह पक्षिणम् ॥ १९ ॥
ततो ऽन्तरिक्षगो वाचं व्याजहार नलं तदा ।
हन्तव्यो ऽस्मि न ते राजन्करिष्यामि तव प्रियम् ॥ २० ॥
दमयन्तीसकाशे त्वां कथयिष्यामि नैषध ।
यथा त्वदन्यं पुरुषं न सा मंस्यति कर्हिचित् ॥ २१ ॥

एवमुक्तस्ततो हंसमुत्ससर्ज महीपतिः ।
ते तु हंसाः समुत्पत्य विदर्भानगमंस्ततः ॥ २२ ॥
विदर्भनगरीं गत्वा दमयन्त्यास्तदान्तिके ।
निपेतुस्ते गरुत्मन्तः सा ददर्श च तान्गणान् ॥ २३ ॥
सा तानद्भुतरूपान्वै दृष्ट्वा सखिगणावृता ।
हृष्टा ग्रहीतुं खगमांस्त्वरमाणोपचक्रमे ॥ २४ ॥
अथ हंसा विससृपुः सर्वतः प्रमदावने ।
एकैकशस्तदा कन्यास्तान्हंसान्समुपाद्रवन् ॥ २५ ॥
दमयन्ती तु यं हंसं समुपाधावदन्तिके ।
स मानुषीं गिरं कृत्वा दमयन्तीमथाब्रवीत् ॥ २६ ॥
दमयन्ति नलो नाम निषधेषु महीपतिः ।
अश्विनोः सदृशो रूपे न समास्तस्य मानुषाः ॥ २७ ॥
तस्य वै यदि भार्या त्वं भवेथा वरवर्णिनि ।
सफलं ते भवेज्जन्म रूपं चेदं सुमध्यमे ॥ २८ ॥
वयं हि देवगन्धर्वमानुषोरगराक्षसान् ।
दृष्टवन्तो न चास्माभिर्दृष्टपूर्वस्तथाविधः ॥ २९ ॥
त्वं चापि रत्नं नारीणां नरेषु च नलो वरः ।
विशिष्टाया विशिष्टेन सङ्गमो गुणवान्भवेत् ॥ ३० ॥
एवमुक्ता तु हंसेन दमयन्ती विशां पते ।
अब्रवीत्तत्र तं हंसं त्वमप्येवं नले वद ॥ ३१ ॥
तथेत्युक्त्वाण्डजः कन्यां विदर्भस्य विशां पते ।
पुनरागम्य निषधान्नले सर्वं न्यवेदयत् ॥ ३२ ॥

॥ इति नलोपाख्याने प्रथमः सर्गः ॥ १ ॥

॥ बृहदश्व उवाच ॥

दमयन्ती तु तच्छ्रुत्वा वचो हंसस्य भारत ।
ततः प्रभृति न स्वस्था नलं प्रति बभूव सा ॥ १ ॥
ततश्चिन्तापरा दीना विवर्णवदना कृशा ।
बभूव दमयन्ती तु निःश्वासपरमा तदा ॥ २ ॥
ऊर्ध्वदृष्टिर्ध्यानपरा बभूवोन्मत्तदर्शना ।
पाण्डुवर्णा क्षणेनाथ हृच्छयाविष्टचेतना ॥ ३ ॥
न शय्यासनभोगेषु रतिं विन्दति कर्हिचित् ।
न नक्तं न दिवा शेते हा हेति रुदती पुनः ॥ ४ ॥
तामस्वस्थां तदाकारां सख्यस्ता जज्ञुरिङ्गितैः ।
ततो विदर्भपतये दमयन्त्याः सखीजनः ॥ ५ ॥
न्यवेदयत्तामस्वस्थां दमयन्तीं नरेश्वरे ।
तच्छ्रुत्वा नृपतिर्भीमो दमयन्तीसखीगणात् ॥ ६ ॥
चिन्तयामास तत्कार्यं सुमहत्स्वां सुतां प्रति ।
किमर्थं दुहिता मे ऽद्य नातिस्वस्थेव लक्ष्यते ॥ ७ ॥
स समीक्ष्य महीपालः स्वां सुतां प्राप्तयौवनाम् ।
अपश्यदात्मना कार्यं दमयन्त्याः स्वयंवरम् ॥ ८ ॥
स संनिमन्त्रयामास महीपालान्विशां पते ।
अनुभूयतामयं वीराः स्वयंवर इति प्रभो ॥ ९ ॥
श्रुत्वा तु पार्थिवाः सर्वे दमयन्त्याः स्वयंवरम् ।
अभिजग्मुस्ततो भीमं राजानो भीमशासनात् ॥ १० ॥
हस्त्यश्वरथघोषेण पूरयन्तो वसुन्धराम् ।
विचित्रमाल्याभरणैर्बलैर्दृश्यैः स्वलंकृतैः ॥ ११ ॥

तेषां भीमो महाबाहुः पार्थिवानां महात्मनाम् ।
यथार्हमकरोत्पूजां ते ऽवसंस्तत्र पूजिताः ॥ १२ ॥
एतस्मिन्नेव काले तु सुराणामृषिसत्तमौ ।
अटमानौ महात्मानाविन्द्रलोकमितो गतौ ॥ १३ ॥
नारदः पर्वतश्चैव महाप्राज्ञौ महाव्रतौ ।
देवराजस्य भवनं विविशाते सुपूजितौ ॥ १४ ॥
तावर्चयित्वा मघवा ततः कुशलमव्ययम् ।
पप्रच्छानामयं चापि तयोः सर्वगतं विभुः ॥ १५ ॥

॥ नारद उवाच ॥

आवयोः कुशलं देव सर्वत्रगतमीश्वर ।
लोके च मघवन्कृत्स्ने नृपाः कुशलिनो विभो ॥ १६ ॥

॥ बृहदश्व उवाच ॥

नारदस्य वचः श्रुत्वा पप्रच्छ बलवृत्रहा ।
धर्मज्ञाः पृथिवीपालास्त्यक्तजीवितयोधिनः ॥ १७ ॥
शस्त्रेण निधनं काले ये गच्छन्त्यपराङ्मुखाः ।
अयं लोको ऽक्षयस्तेषां यथैव मम कामधुक् ॥ १८ ॥
क्व नु ते क्षत्रियाः शूरा न हि पश्यामि तानहम् ।
आगच्छतो महीपालान्दयितानतिथीन्मम ॥ १९ ॥
एवमुक्तस्तु शक्रेण नारदः प्रत्यभाषत ।
शृणु मे मघवन्येन न दृश्यन्ते महीक्षितः ॥ २० ॥
विदर्भराज्ञो दुहिता दमयन्तीति विश्रुता ।
रूपेण समतिक्रान्ता पृथिव्यां सर्वयोषितः ॥ २१ ॥
तस्याः स्वयंवरः शक्र भविता नचिरादिव ।

तत्र गच्छन्ति राजानो राजपुत्राश्च सर्वशः ॥ २२ ॥
तां रत्नभूतां लोकस्य प्रार्थयन्तो महीक्षितः ।
काङ्क्षन्ति स्म विशेषेण वलवृत्रनिसूदन ॥ २३ ॥
एतस्मिन्कथ्यमाने तु लोकपालाश्च साग्निकाः ।
आजग्मुर्देवराजस्य समीपममरोत्तमाः ॥ २४ ॥
ततस्ते शुश्रुवुः सर्वे नारदस्य वचो महत् ।
श्रुत्वैव चाब्रुवन्हृष्टा गच्छामो वयमप्युत ॥ २५ ॥
ततः सर्वे महाराज सगणाः सहवाहनाः ।
विदर्भानभिजग्मुस्ते यतः सर्वे महीक्षितः ॥ २६ ॥
नलो ऽपि राजा कौन्तेय श्रुत्वा राज्ञां समागमम् ।
अभ्यगच्छददीनात्मा दमयन्तीमनुव्रतः ॥ २७ ॥
अथ देवाः पथि नलं ददृशुर्भूतले स्थितम् ।
साक्षादिव स्थितं मूर्त्या मन्मथं रूपसम्पदा ॥ २८ ॥
तं दृष्ट्वा लोकपालास्ते भ्राजमानं यथा रविम् ।
तस्थुर्विगतसङ्कल्पा विस्मिता रूपसम्पदा ॥ २९ ॥
ततो ऽन्तरिक्षे विष्टभ्य विमानानि दिवौकसः ।
अब्रुवन्नैषधं राजन्नवतीर्य नभस्तलात् ॥ ३० ॥
भो भो नैषध राजेन्द्र नल सत्यव्रतो भवान् ।
अस्माकं कुरु साहाय्यं दूतो भव नरोत्तम ॥ ३१ ॥

॥ इति नलोपाख्याने द्वितीयः सर्गः ॥ २ ॥

॥ बृहदश्व उवाच ॥

तेभ्यः प्रतिज्ञाय नलः करिष्य इति भारत ।
अथैतान्परिपप्रच्छ कृताञ्जलिरुपस्थितः ॥ १ ॥
के वै भवन्तः कश्चासौ यस्याहं दूत ईप्सितः ।
किं च तद्वो मया कार्यं कथयध्वं यथातथम् ॥ २ ॥
एवमुक्ते नैषधेन मघवानभ्यभाषत ।
अमरान्वै निबोधास्मान्दमयन्त्यर्थमागतान् ॥ ३ ॥
अहमिन्द्रोऽयमग्निश्च तथैवायमपां पतिः ।
शरीरान्तकरो नृणां यमोऽयमपि पार्थिव ॥ ४ ॥
त्वं वै समागतानस्मान्दमयन्त्यै निवेदय ।
लोकपाला महेन्द्राद्याः समायान्ति दिदृक्षवः ॥ ५ ॥
प्राप्तुमिच्छन्ति देवास्त्वां शक्रोऽग्निर्वरुणो यमः ।
तेषामन्यतमं देवं पतित्वे वरयस्व ह ॥ ६ ॥
एवमुक्तः स शक्रेण नलः प्राञ्जलिरब्रवीत् ।
एकार्थसमुपेतं मां न प्रेषयितुमर्हथ ॥ ७ ॥
कथं तु जातसङ्कल्पः स्त्रियमुत्सहते पुमान् ।
परार्थमीदृशं वक्तुं तत्क्षमन्तु ममेश्वराः ॥ ८ ॥

॥ देवा ऊचुः ॥

करिष्य इति संश्रुत्य पूर्वमस्मासु नैषध ।
न करिष्यसि कस्मात्त्वं व्रज नैषध माचिरम् ॥ ९ ॥

॥ बृहदश्व उवाच ॥

एवमुक्तः स देवैस्तैर्नैषधः पुनरब्रवीत् ।
सुरक्षितानि वेश्मानि प्रवेष्टुं कथमुत्सहे ॥ १० ॥

प्रवेक्ष्यसीति तं शक्रः पुनरेवाभ्यभाषत ।
स जगाम तथेत्युक्त्वा दमयन्त्या निवेशनम् ॥ ११ ॥
ददर्श तत्र वैदर्भीं सखीगणसमावृताम् ।
देदीप्यमानां वपुषा श्रिया च वरवर्णिनीम् ॥ १२ ॥
अतीव सुकुमाराङ्गीं तनुमध्यां सुलोचनाम् ।
आक्षिपन्तीमिव प्रभां शशिनः स्वेन तेजसा ॥ १३ ॥
तस्य दृष्ट्वैव ववृधे कामस्तां चारुहासिनीम् ।
सत्यं चिकीर्षमाणस्तु धारयामास हृच्छयम् ॥ १४ ॥
ततस्ता नैषधं दृष्ट्वा सम्भ्रान्ताः परमाङ्गनाः ।
आसनेभ्यः समुत्पेतुस्तेजसा तस्य धर्षिताः ॥ १५ ॥
प्रशशंसुश्च सुप्रीता नलं ता विस्मयान्विताः ।
न चैनमभ्यभाषन्त मनोभिस्त्वभ्यपूजयन् ॥ १६ ॥
अहो रूपमहो कान्तिरहो धैर्यं महात्मनः ।
को ऽयं देवो ऽथवा यक्षो गन्धर्वो वा भविष्यति ॥ १७ ॥
न तास्तं शक्नुवन्ति स्म व्याहर्तुमपि किञ्चन ।
तेजसा धर्षितास्तस्य लज्जावत्यो वराङ्गनाः ॥ १८ ॥
अथैनं स्मयमानं तु स्मितपूर्वाभिभाषिणी ।
दमयन्ती नलं वीरमभ्यभाषत विस्मिता ॥ १९ ॥
कस्त्वं सर्वानवद्याङ्ग मम हृच्छयवर्धन ।
प्राप्तो ऽस्यमरवद्वीर ज्ञातुमिच्छामि ते ऽनघ ॥ २० ॥
कथमागमनं चेह कथं चासि न लक्षितः ।
सुरक्षितं हि मे वेश्म राजा चैवोग्रशासनः ॥ २१ ॥
एवमुक्तस्तु वैदर्भ्या नलस्तां प्रत्युवाच ह ।

नलं मां विद्धि कल्याणि देवदूतमिहागतम् ॥ २२ ॥
देवास्त्वां प्राप्तुमिच्छन्ति शक्रोऽग्निर्वरुणो यमः ।
तेषामन्यतमं देवं पतिं वरय शोभने ॥ २३ ॥
तेषामेव प्रभावेन प्रविष्टोऽहमलक्षितः ।
प्रविशन्तं न मां कश्चिदपश्यन्नाप्यवारयत् ॥ २४ ॥
एतदर्थमहं भद्रे प्रेषितः सुरसत्तमैः ।
एतच्छ्रुत्वा शुभे बुद्धिं प्रकुरुष्व यथेच्छसि ॥ २५ ॥

॥ इति नलोपाख्याने तृतीयः सर्गः ॥ ३ ॥

॥ अथ हितोपदेशः ॥

सिद्धिः साध्ये सतामस्तु प्रसादात्तस्य धूर्जटेः ।
जाह्नवीफेनलेखेव यन्मूर्ध्नि शशिनः कला ॥ १ ॥
श्रुतो हितोपदेशोऽयं पाटवं संस्कृतोक्तिषु ।
वाचां सर्वत्र वैचित्र्यं नीतिविद्यां ददाति च ॥ २ ॥
अजरामरवत्प्राज्ञो विद्यामर्थं च चिन्तयेत् ।
गृहीत इव केशेषु मृत्युना धर्ममाचरेत् ॥ ३ ॥
सर्वद्रव्येषु विद्यैव द्रव्यमाहुरनुत्तमम् ।
अहार्यत्वादनर्घ्यत्वादक्षयत्वाच्च सर्वदा ॥ ४ ॥
सङ्गमयति विद्यैव नीचगापि नरं सरित् ।
समुद्रमिव दुर्धर्षं नृपं भाग्यमतः परम् ॥ ५ ॥
विद्या ददाति विनयं विनयाद्याति पात्रताम् ।
पात्रत्वाद्धनमाप्नोति धनाद्धर्मं ततः सुखम् ॥ ६ ॥

विद्या शस्त्रस्य शास्त्रस्य द्वे विद्ये प्रतिपत्तये ।
आद्या हास्याय वृद्धत्वे द्वितीयाद्रियते सदा ॥ ७ ॥
यन्नवे भाजने लग्नः संस्कारो नान्यथा भवेत् ।
कथाछलेन बालानां नीतिस्तदिह कथ्यते ॥ ८ ॥
मित्रलाभः सुहृद्भेदो विग्रहः सन्धिरेव च ।
पञ्चतन्त्रात्तथान्यस्माद्ग्रन्थादाकृष्य लिख्यते ॥ ९ ॥

अस्ति भागीरथीतीरे पाटलिपुत्रनामधेयं नगरम् । तत्र सर्वस्वामिगुणोपेतः सुदर्शनो नाम नरपतिरासीत् । स भूपतिरेकदा केनापि पठ्यमानं श्लोकद्वयं शुश्राव ।

अनेकसंशयोच्छेदि परोक्षार्थस्य दर्शकम् ।
सर्वस्य लोचनं शास्त्रं यस्य नास्त्यन्ध एव सः ॥ १० ॥
यौवनं धनसम्पत्तिः प्रभुत्वमविवेकता ।
एकैकमप्यनर्थाय किमु यत्र चतुष्टयम् ॥ ११ ॥

इत्याकर्ण्यात्मनः पुत्राणामनधिगतशास्त्राणां नित्यमुन्मार्गगामिनां शास्त्राननुष्ठानेनोद्विग्नमनाः स राजा चिन्तयामास ।

को ऽर्थः पुत्रेण जातेन यो न विद्वान्न धार्मिकः ।
काणेन चक्षुषा किं वा चक्षुःपीडैव केवलम् ॥ १२ ॥
अजातमृतमूर्खाणां वरमाद्यौ न चान्तिमः ।
सकृद्दुःखकरावाद्यावन्तिमस्तु पदे पदे ॥ १३ ॥

किं च । स जातो येन जातेन याति वंशः समुन्नतिम् ।
परिवर्तिनि संसारे मृतः को वा न जायते ॥ १४ ॥

अन्यच्च । गुणिगणगणनारम्भे न पतति कठिनी सुसम्भ्रमाद्यस्य ।
तेनाम्बा यदि सुतिनी वद वन्ध्या कीदृशी भवति ॥ १५ ॥

अपि च। दाने तपसि शौर्ये च यस्य न प्रथितं मनः ।
विद्यायामर्थलाभे च मातुरुच्चार एव सः ॥ १६ ॥

अपरं च। वरमेको गुणी पुत्रो न च मूर्खशतैरपि ।
एकश्चन्द्रस्तमो हन्ति न च तारागणैरपि ॥ १७ ॥
पुण्यतीर्थे कृतं येन तपः क्वाप्यतिदुष्करम् ।
तस्य पुत्रो भवेद्वश्यः समृद्धो धार्मिकः सुधीः ॥ १८ ॥

तथा चोक्तम् ।

अर्थागमो नित्यमरोगिता च प्रिया च भार्या प्रियवादिनी च।
वश्यश्च पुत्रोऽर्थकरी च विद्या षड्जीवलोकेषु सुखानि राजन् ॥१९॥
को धन्यो बहुभिः पुत्रैः कुशूलापूरणाढकैः ।
वरमेकः कुलालम्बी यत्र विश्रूयते पिता ॥ २० ॥
ऋणकर्ता पिता शत्रुर्माता च व्यभिचारिणी ।
भार्या रूपवती शत्रुः पुत्रः शत्रुरपण्डितः ॥ २१ ॥
अनभ्यासे विषं विद्या अजीर्णे भोजनं विषम् ।
विषं सभा दरिद्रस्य वृद्धस्य तरुणी विषम् ॥ २२ ॥
यस्य तस्य प्रसूतो ऽपि गुणवान्पूज्यते नरः ।
धनुर्वंशविशुद्धो ऽपि निर्गुणः किं करिष्यति ॥ २३ ॥
हाहा पुत्रक नाधीत सुगतैतासु रात्रिषु ।
तेन त्वं विदुषां मध्ये पङ्के गौरिव सीदसि ॥ २४ ॥

तत्कथमिदानीमेते मम पुत्रा गुणवन्तः क्रियन्ताम् ।

आहारनिद्राभयमैथुनं च सामान्यमेतत्पशुभिर्नराणाम् ।
धर्मो हि तेषामधिको विशेषो धर्मेण हीनाः पशुभिः समानाः ॥२५॥

यतः । धर्मार्थकाममोक्षाणां यस्यैको ऽपि न विद्यते ।

अजगलस्तनस्येव तस्य जन्म निरर्थकम् ॥ २६ ॥

यच्चोच्यते। आयुः कर्म च वित्तं च विद्या निधनमेव च।
पञ्चैतान्यपि सृज्यन्ते गर्भस्थस्यैव देहिनः ॥ २७ ॥

किं च। अवश्यम्भाविनो भावा भवन्ति महतामपि।
नग्नत्वं नीलकण्ठस्य महाहिशयनं हरेः ॥ २८ ॥

अपि च। यदभावि न तद्भावि भावि चेन्न तदन्यथा।
इति चिन्ताविषघ्नो ऽयमगदः किं न पीयते ॥ २९ ॥

एतत्कार्याक्षमाणां केषाञ्चिदालस्यवचनम्।

न दैवमपि सञ्चिन्त्य त्यजेदुद्योगमात्मनः।
अनुद्योगेन तैलानि तिलेभ्यो नाप्तुमर्हति ॥ ३० ॥

अन्यच्च। उद्योगिनं पुरुषसिंहमुपैति लक्ष्मी-
दैवेन देयमिति कापुरुषा वदन्ति।
दैवं निहत्य कुरु पौरुषमात्मशक्त्या
यत्ने कृते यदि न सिध्यति को ऽत्र दोषः ॥ ३१ ॥

यथा ह्येकेन चक्रेण न रथस्य गतिर्भवेत्।
एवं पुरुषकारेण विना दैवं न सिध्यति ॥ ३२ ॥

तथा च। पूर्वजन्मकृतं कर्म तद्दैवमिति कथ्यते।
तस्मात्पुरुषकारेण यत्नं कुर्यादतन्द्रितः ॥ ३३ ॥

यथा मृत्पिण्डतः कर्ता कुरुते यद्यदिच्छति।
एवमात्मकृतं कर्म मानवः प्रतिपद्यते ॥ ३४ ॥

अपरं च। काकतालीयवत्प्राप्तं दृष्ट्वापि निधिमग्रतः।
न स्वयं दैवमादत्ते पुरुषार्थमपेक्षते ॥ ३५ ॥

उद्यमेन हि सिध्यन्ति कार्याणि न मनोरथैः।

न हि सुप्तस्य सिंहस्य प्रविशन्ति मुखे मृगाः ॥ ३६ ॥

मातृपितृकृताभ्यासो गुणितामेति बालकः ।
न गर्भच्युतिमात्रेण पुत्रो भवति पण्डितः ॥ ३७ ॥

तथा च । माता शत्रुः पिता वैरी येन बालो न पाठितः ।
न शोभते सभामध्ये हंसमध्ये वको यथा ॥ ३८ ॥

रूपयौवनसंपन्ना विशालकुलसम्भवाः ।
विद्याहीना न शोभन्ते निर्गन्धा इव किंशुकाः ॥ ३९ ॥

मूर्खोऽपि शोभते तावत्सभायां वस्त्रवेष्टितः ।
तावच्च शोभते मूर्खो यावत्किञ्चिन्न भाषते ॥ ४० ॥

एतच्चिन्तयित्वा स राजा पण्डितसभां कारितवान् । राजोवाच । भो भोः पण्डिताः श्रूयताम् । अस्ति कश्चिदेवम्भूतो विद्वान्यो मम पुत्राणां नित्यमुन्मार्गगामिनामनधिगतशास्त्राणामिदानीं नीतिशास्त्रोपदेशेन पुनर्जन्म कारयितुं समर्थः ।

यतः । काचः काञ्चनसंसर्गाद्धत्ते मारकतीं द्युतिम् ।
तथा सत्सन्निधानेन मूर्खो याति प्रवीणताम् ॥ ४१ ॥

उक्तं च । हीयते हि मतिस्तात हीनैः सह समागमात् ।
समैश्च समतामेति विशिष्टैश्च विशिष्टताम् ॥ ४२ ॥

अत्रान्तरे विष्णुशर्मनामा महापण्डितः सकलनीतिशास्त्रतत्त्वज्ञो बृहस्पतिरिवाब्रवीत् । देव महाकुलसम्भूता एते राजपुत्राः । तन्मया नीतिं ग्राहयितुं शक्यन्ते ।

यतः । नाद्रव्ये निहिता काचित्क्रिया फलवती भवेत् ।
न व्यापारशतेनापि शुकवत्पाठ्यते वकः ॥ ४३ ॥

अन्यच्च । अस्मिंस्तु निर्गुणं गोत्रे नापत्यमुपजायते ।

आकरे पद्मरागाणां जन्म काचमणेः कुतः ॥ ४४ ॥

अतो ऽहं षण्मासाभ्यन्तरे तव पुत्रान्नीतिशास्त्राभिज्ञान्करिष्यामि। राजा सविनयं पुनरुवाच।

कीटो ऽपि सुमनःसङ्गादारोहति सतां शिरः।
अश्मापि याति देवत्वं महद्भिः सुप्रतिष्ठितः ॥ ४५ ॥

अन्यच्च। यथोदयगिरेर्द्रव्यं सन्निकर्षेण दीप्यते।
तथा सत्सन्निधानेन हीनवर्णो ऽपि दीप्यते ॥ ४६ ॥

गुणा गुणज्ञेषु गुणा भवन्ति ते निर्गुणं प्राप्य भवन्ति दोषाः।
सुस्वादुतोयाः प्रभवन्ति नद्यः समुद्रमासाद्य भवन्त्यपेयाः ॥४७॥

तदेतेषामस्मत्पुत्राणां नीतिशास्त्रोपदेशाय भवन्तः प्रमाणमित्युक्त्वा तस्य विष्णुशर्मणो बहुमानपुरःसरं पुत्रान्समर्पितवान्। अथ प्रासादपृष्ठे सुखोपविष्टानां राजपुत्राणां पुरस्तात्प्रस्तावक्रमेण स पण्डितो ऽब्रवीत्।

काव्यशास्त्रविनोदेन कालो गच्छति धीमताम्।
व्यसनेन च मूर्खाणां निद्रया कलहेन वा ॥ ४८ ॥

तद्भवतां विनोदाय काककूर्मादीनां विचित्रां कथां कथयामि। राजपुत्रैरुक्तम्। आर्य कथ्यताम्। विष्णुशर्मोवाच। शृणुत यूयं सम्प्रति मित्रलाभः प्रस्तूयते यस्यायमाद्यः श्लोकः ॥

॥ मित्रलाभः ॥

असाधना वित्तहीना बुद्धिमन्तः सुहृत्तमाः।
साधयन्त्याशु कार्याणि काककूर्ममृगाखुवत् ॥ १ ॥

राजपुत्रा ऊचुः। कथमेतत्। सो ऽब्रवीत्। अस्ति गोदावरी-

तीरे विशालः शाल्मलीतरुः । तत्र नानादिग्देशादागत्य रात्रौ पक्षिणो निवसन्ति । अथ कदाचिदवसन्नायां रात्रावस्ताचलचूडावलम्बिनि भगवति कुमुदिनीनायके चन्द्रमसि लघुपतनकनामा वायसः प्रबुद्धः कृतान्तमिव द्वितीयमायान्तं व्याधमपश्यत् । तमवलोक्याचिन्तयत् । अद्य प्रातरेवानिष्टदर्शनं जातम् । न जाने किमनभिमतं दर्शयिष्यति । इत्युक्त्वा तदनुसरणक्रमेण व्याकुलश्चलितः ।

शोकस्थानसहस्राणि भयस्थानशतानि च ।
दिवसे दिवसे मूढमाविशन्ति न पण्डितम् ॥ २ ॥

अन्यच्च । विषयिणामिदमवश्यं कर्तव्यम् ।

उत्थायोत्थाय बोद्धव्यं महद्भयमुपस्थितम् ।
मरणव्याधिशोकानां किमद्य निपतिष्यति ॥ ३ ॥

अथ तेन व्याधेन तण्डुलकणान्विकीर्य जालं विस्तीर्णम् । स च प्रच्छन्नो भूत्वा स्थितः । तस्मिन्नेव काले चित्रग्रीवनामा कपोतराजः सपरिवारो वियति विसर्पंस्तांस्तण्डुलकणानवलोकयामास । ततः कपोतराजस्तण्डुलकणलुब्धान्कपोतान्प्रत्याह । कुतोऽत्र निर्जने वने तण्डुलकणानां सम्भवः । तन्निरूप्यतां तावत् । भद्रमिदं न पश्यामि । प्रायेणानेन तण्डुलकणलोभेनास्माभिरपि तथा भवितव्यम् ।

कङ्कणस्य तु लोभेन मग्नः पङ्के सुदुस्तरे ।
वृद्धव्याघ्रेण सम्प्राप्तः पथिकः स मृतो यथा ॥ ४ ॥

कपोता ऊचुः । कथमेतत् । सो ऽब्रवीत् । अहमेकदा दक्षिणारण्ये चरन्नपश्यम् । एको वृद्धव्याघ्रः स्नातः कुशहस्तः सर-

स्तीरे ब्रूते। भो भोः पान्थ इदं सुवर्णकङ्कणं गृह्यताम्। ततो
लोभाकृष्टेन केनचित्पान्थेनालोचितम्। भाग्येनैतत्सम्भवति।
किं त्वस्मिन्नात्मसन्देहे प्रवृत्तिर्न विधेया।

यतः। अनिष्टादिष्टलाभे ऽपि न गतिर्जायते शुभा।
यत्रास्ति विषसंसर्गो ऽमृतं तदपि मृत्यवे ॥ ५ ॥

किं तु सर्वत्रार्थार्जने प्रवृत्तिः सन्देह एव।

तथा चोक्तम्। न संशयमनारुह्य नरो भद्राणि पश्यति।
संशयं पुनरारुह्य यदि जीवति पश्यति ॥ ६ ॥

तन्निरूपयामि तावत्। प्रकाशं ब्रूते। कुत्र तव कङ्कणम्।
व्याघ्रो हस्तं प्रसार्य दर्शयति। पान्थो ऽवदत्। कथं मारात्मके
त्वयि विश्वासः। व्याघ्र उवाच। शृणु रे पान्थ। प्रागेव यौव-
नदशायामतिदुर्वृत्तो ऽस्मि अनेकगोमानुषाणां वधान्मे पुत्रा
मृता दाराश्च वंशहीनश्चाहम्। ततः केनचिदहमादिष्टः। दान-
धर्मादिकं चरतु भवान्। तदुपदेशादिदानीमहं स्नानशीलो
दाता वृद्धो गलितनखदन्तो न कथं विश्वासभूमिः।

यतः। इज्याध्ययनदानानि तपः सत्यं धृतिः क्षमा।
अलोभ इति मार्गो ऽयं धर्मस्याष्टविधः स्मृतः ॥ ७ ॥
तत्र पूर्वश्चतुर्वर्गो दम्भार्थमपि सेव्यते।
उत्तरस्तु चतुर्वर्गो महात्मन्येव तिष्ठति ॥ ८ ॥

मम चैतावाँल्लोभविरहो येन स्वहस्तस्थमपि सुवर्णकङ्कणं
यस्मै कस्मैचिद्दातुमिच्छामि। तथापि व्याघ्रो मानुषं खादतीति
लोकप्रवादो दुर्निवारः।

यतः। गतानुगतिको लोकः कुट्टनीमुपदेशिनीम्।

प्रमाणयति नो धर्मे यथा गोघ्नमपि द्विजम् ॥ ९ ॥

मयापि धर्मशास्त्राण्यधीतानि। शृणु।

मरुस्थल्यां यथा वृष्टिः क्षुधार्ते भोजनं तथा।
दरिद्रे दीयते दानं सफलं पाण्डुनन्दन ॥ १० ॥
प्राणा यथात्मनोऽभीष्टा भूतानामपि ते तथा।
आत्मौपम्येन भूतेषु दयां कुर्वन्ति साधवः ॥ ११ ॥

अपरं च। प्रत्याख्याने च दाने च सुखदुःखे प्रियाप्रिये।
आत्मौपम्येन पुरुषः प्रमाणमधिगच्छति ॥ १२ ॥

अन्यच्च। मातृवत्परदारेषु परद्रव्येषु लोष्टवत्।
आत्मवत्सर्वभूतेषु यः पश्यति स पण्डितः ॥ १३ ॥

त्वं चातिदुर्गतस्तेन तत्तुभ्यं दातुं सयत्नोऽहम्।

तथा चोक्तम्। दरिद्रान्भर कौन्तेय मा प्रयच्छेश्वरे धनम्।
व्याधितस्यौषधं पथ्यं नीरुजस्तु किमौषधैः ॥ १४ ॥

अन्यच्च। दातव्यमिति यद्दानं दीयतेऽनुपकारिणे।
देशे काले च पात्रे च तद्दानं सात्त्विकं स्मृतम् ॥ १५ ॥

तदत्र सरसि स्नात्वा सुवर्णकङ्कणं गृहाण। ततो यावदसौ तद्वचःप्रतीतो लोभात्सरः स्नातुं प्रविशति तावन्महापङ्के निमग्नः पलायितुमक्षमः। पङ्के पतितं दृष्ट्वा व्याघ्रोऽवदत्। अहह महापङ्के पतितोऽसि। अतस्त्वामुत्थापयामि। इत्युक्त्वा शनैः शनैरुपगम्य तेन व्याघ्रेण धृतः स पान्थोऽचिन्तयत्।

न धर्मशास्त्रं पठतीति कारणं
न चापि वेदाध्ययनं दुरात्मनः।

स्वभाव एवात्र तथातिरिच्यते
यथा प्रकृत्या मधुरं गवां पयः ॥ १६ ॥

किं च। अवशेन्द्रियचित्तानां हस्तिस्नानमिव क्रिया।
दुर्भगाभरणप्रायो ज्ञानं भारः क्रियां विना ॥ १७ ॥

तन्मया भद्रं न कृतं यदत्र मारात्मके विश्वासः कृतः।
तथा चोक्तम्। नदीनां शस्त्रपाणीनां नखिनां शृङ्गिणां तथा।
विश्वासो नैव कर्तव्यः स्त्रीषु राजकुलेषु च ॥ १८ ॥

अपरं च। सर्वस्य हि परीक्ष्यन्ते स्वभावा नेतरे गुणाः।
अतीत्य हि गुणान्सर्वान्स्वभावो मूर्ध्नि वर्तते ॥ १९ ॥

अन्यच्च। स हि गगणविहारी कल्मषध्वंसकारी
दशशतकरधारी ज्योतिषां मध्यचारी।
विधुरपि विधियोगाद्ग्रस्यते राहुणासौ
लिखितमपि ललाटे प्रोज्झितुं कः समर्थः ॥ २० ॥

इति चिन्तयन्नेवासौ व्याघ्रेण व्यापादितः खादितश्च। अतो ऽहं ब्रवीमि कङ्कणस्य तु लोभेनेत्यादि। अतः सर्वथाविचारितं कर्म न कर्तव्यम्। यतः।

सुजीर्णमन्नं सुविचक्षणः सुतः
सुशासिता स्त्री नृपतिः सुसेवितः।
सुचिन्त्य चोक्तं सुविचार्य यत्कृतं
सुदीर्घकाले ऽपि न याति विक्रियाम् ॥ २१ ॥

एतद्वचनं श्रुत्वा कश्चित्कपोतः सदर्पमाह। आः किमेवमुच्यते।
वृद्धस्य वचनं ग्राह्यमापत्काले ह्युपस्थिते।
सर्वत्रैवं विचारेण भोजने ऽप्यप्रवर्तनम् ॥ २२ ॥

यतः । शङ्काभिः सर्वमाक्रान्तमन्नं पानं च भूतले ।
प्रवृत्तिः कुत्र कर्तव्या जीवितव्यं कथं नु वा ॥ २३ ॥

तथा चोक्तम् । ईर्ष्यी घृणी त्वसन्तुष्टः क्रोधनो नित्यशङ्कितः ।
परभाग्योपजीवी च षडेते दुःखभागिनः ॥ २४ ॥

एतच्छ्रुत्वा सर्वे कपोतास्तत्रोपविष्टाः ।

यतः । सुमहान्त्यपि शास्त्राणि धारयन्तो बहुश्रुताः ।
छेत्तारः संशयानां च क्लिश्यन्ते लोभमोहिताः ॥ २५ ॥

अन्यच्च । लोभात्क्रोधः प्रभवति लोभात्कामः प्रजायते ।
लोभान्मोहश्च नाशश्च लोभः पापस्य कारणम् ॥ २६ ॥

अन्यच्च । असम्भवं हेममृगस्य जन्म
तथापि रामो लुलुभे मृगाय ।
प्रायः समापन्नविपत्तिकाले
धियोऽपि पुंसां मलिना भवन्ति ॥ २७ ॥

अनन्तरं सर्वे जालबद्धा बभूवुः । ततो यस्य वचनात्तत्रावलम्बितास्तं सर्वे तिरस्कुर्वन्ति ।

यतः । न गणस्याग्रतो गच्छेत्सिद्धे कार्ये समं फलम् ।
यदि कार्यविपत्तिः स्यान्मुखरस्तत्र हन्यते ॥ २८ ॥

तस्य तिरस्कारं श्रुत्वा चित्रग्रीव उवाच । नायमस्य दोषः ।

यतः । आपदामापतन्तीनां हितोऽप्यायाति हेतुताम् ।
मातृजङ्घा हि वत्सस्य स्तम्भीभवति बन्धने ॥ २९ ॥

अन्यच्च । स बन्धुर्यो विपन्नानामापदुद्धरणक्षमः ।
न तु भीतपरित्राणवस्तूपालम्भपण्डितः ॥ ३० ॥

5

विपत्काले विस्मय एव कापुरुषलक्षणम्। तदत्र धैर्यमवलम्ब्य प्रतीकारश्चिन्त्यताम्।

यतः। विपदि धैर्यमथाभ्युदये क्षमा
सदसि वाक्पटुता युधि विक्रमः।
यशसि चाभिरुचिर्व्यसनं श्रुतौ
प्रकृतिसिद्धमिदं हि महात्मनाम् ॥ ३१ ॥

सम्पदि यस्य न हर्षो विपदि विषादो रणे च धीरत्वम्।
तं भुवनत्रयतिलकं जनयति जननी सुतं विरलम् ॥३२॥

अन्यच्च। षट् दोषाः पुरुषेणेह हातव्या भूतिमिच्छता।
निद्रा तन्द्रा भयं क्रोध आलस्यं दीर्घसूत्रता ॥ ३३ ॥

इदानीमप्येवं क्रियतां सर्वैरेकचित्तीभूय जालमादायोड्डीयताम्।

यतः। अल्पानामपि वस्तूनां संहतिः कार्यसाधिका।
तृणैर्गुणत्वमापन्नैर्बध्यन्ते मत्तदन्तिनः ॥ ३४ ॥
संहतिः श्रेयसी पुंसां स्वकुलैरल्पकैरपि।
तुषेणापि परित्यक्ता न प्ररोहन्ति तण्डुलाः ॥ ३५ ॥

इति विचिन्त्य पक्षिणः सर्वे जालमादायोत्पतिताः। अनन्तरं स व्याधः सुदूराज्जालापहारकांस्तानवलोक्य पश्चाद्धावन्नचिन्तयत्।

संहतास्तु हरन्तीमे मम जालं विहङ्गमाः।
यदा तु निपतिष्यन्ति वशमेष्यन्ति मे तदा ॥ ३६ ॥

ततस्तेषु चक्षुर्विषयातिक्रान्तेषु पक्षिषु स व्याधो निवृत्तः। अथ लुब्धकं निवृत्तं दृष्ट्वा कपोता ऊचुः। किमिदानीं कर्तुमुचितम्। चित्रग्रीव उवाच।

माता मित्रं पिता चेति स्वभावात्त्रितयं हितम् ।
कार्यकारणतश्चान्ये भवन्ति हितबुद्धयः ॥ ३७ ॥

तदस्माकं मित्रं हिरण्यको नाम मूषिकराजो गण्डकीतीरे चित्रवने निवसति । सो ऽस्माकं पाशांश्छेत्स्यति । इत्यालोच्य सर्वे हिरण्यकविवरसमीपं गताः । हिरण्यकश्च सर्वदापायशङ्कया शतद्वारं विवरं कृत्वा निवसति । ततो हिरण्यकः कपोतावपातभयाच्चकितस्तूष्णीं स्थितः । चित्रग्रीव उवाच । सखे हिरण्यक किमस्मान्न सम्भाषसे । ततो हिरण्यकस्तद्वचनं प्रत्यभिज्ञाय ससम्भ्रमं बहिर्निःसृत्याब्रवीत् । आः पुण्यवानस्मि प्रियसुहृन्मे चित्रग्रीवः समायातः ।

यस्य मित्रेण सम्भाषा यस्य मित्रेण संस्थितिः ।
यस्य मित्रेण संलापस्ततो नास्तीह पुण्यवान् ॥ ३८ ॥

पाशबद्धांश्चैतान्दृष्ट्वा सविस्मयः क्षणं स्थित्वोवाच । सखे किमेतत् । चित्रग्रीव उवाच । सखेऽस्माकं प्राक्तनजन्मकर्मणः फलमेतत् ।

यस्माच्च येन च यथा च यदा च यच्च
यावच्च यत्र च शुभाशुभमात्मकर्म ।
तस्माच्च तेन च तथा च तदा च तच्च
तावच्च तत्र च विधातृवशादुपैति ॥ ३९ ॥

रोगशोकपरीतापबन्धनव्यसनानि च ।
आत्मापराधवृक्षाणां फलान्येतानि देहिनाम् ॥ ४० ॥

एतच्छ्रुत्वा हिरण्यकश्चित्रग्रीवस्य बन्धनं छेत्तुं सत्वरमुपसर्पति । चित्रग्रीव उवाच । मित्र मा मैवम् । अस्मदाश्रितानामेषां

तावत्पाशांश्छिन्द्धि तदा मम पाशं पश्चाच्छेत्स्यसि। हिरण्यको ऽप्याह। अहमल्पशक्तिर्दन्ताश्च मे कोमलास्तदेतेषां पाशांश्छेत्तुं कथं समर्थः। तद्यावन्मे दन्ता न त्रुट्यन्ति तावत्तव पाशं छिनद्मि। तदनन्तरमेतेषामपि बन्धनं यावच्छक्यं छेत्स्यामि। चित्रग्रीव उवाच। अस्त्वेवं तथापि यथाशक्ति बन्धनमेषां खण्डय। हिरण्यकेनोक्तम्। आत्मपरित्यागेन यदाश्रितानां परिरक्षणं तन्न नीतिवेदिनां सम्मतम्।

यतः। आपदर्थे धनं रक्षेद्दारान्रक्षेद्धनैरपि।
आत्मानं सततं रक्षेद्दारैरपि धनैरपि ॥ ४१ ॥

अन्यच्च। धर्मार्थकाममोक्षाणां प्राणाः संस्थितिहेतवः।
तान्निघ्नता किं न हतं रक्षता किं न रक्षितम् ॥ ४२ ॥

चित्रग्रीव उवाच। सखे नीतिस्तावदीदृश्येव किं त्वहमस्मदाश्रितानां दुःखं सोढुं सर्वथासमर्थस्तेनेदं ब्रवीमि।

यतः। धनानि जीवितं चैव परार्थे प्राज्ञ उत्सृजेत्।
सन्निमित्ते वरं त्यागो विनाशे नियते सति ॥ ४३ ॥

अयमपरश्चासाधारणो हेतुः।
जातिद्रव्यबलानां च साम्यमेषां मया सह।
मत्प्रभुत्वफलं ब्रूहि कदा किं तद्भविष्यति ॥ ४४ ॥

अन्यच्च। विना वर्तनमेवैते न त्यजन्ति ममान्तिकम्।
तन्मे प्राणव्ययेनापि जीवयैतान्ममाश्रितान् ॥ ४५ ॥

किं च। मांसमूत्रपुरीषास्थिनिर्मिते च कलेवरे।
विनश्वरे विहायास्थां यशः पालय मित्र मे ॥ ४६ ॥

अपरं च पश्य। यदि नित्यमनित्येन निर्मलं मलवाहिना।
यशः कायेन लभ्येत तदा लभ्यं भवेन्न किम् ॥४७॥

यतः। शरीरस्य गुणानां च दूरमत्यन्तमन्तरम्।
शरीरं क्षणविध्वंसि कल्पान्तस्थायिनो गुणाः ॥ ४८ ॥

इत्याकर्ण्य हिरण्यकः प्रहृष्टमनाः पुलकितः सन्नब्रवीत्। साधु मित्र साधु। अनेनाश्रितवात्सल्येन त्रैलोक्यस्यापि प्रभुत्वं त्वयि युज्यते। एवमुक्त्वा तेन सर्वेषां बन्धनानि छिन्नानि। ततो हिरण्यकः सर्वान्सादरं सम्पूज्याह। सखे चित्रग्रीव सर्वथात्र जालबन्धनविधौ सति दोषमाशंक्यात्मन्यवज्ञा न कर्तव्या।

यतः। यो ऽधिकाद्योजनशतात्पश्यतीहामिषं खगः।
स एव प्राप्तकालस्तु पाशबन्धं न पश्यति ॥ ४९ ॥

अपि च। शशिदिवाकरयोर्ग्रहपीडनं
गजभुजङ्गमयोरपि बन्धनम्।
मतिमतां च विलोक्य दरिद्रतां
विधिरहो बलवानिति मे मतिः ॥ ५० ॥

अन्यच्च। व्योमैकान्तविहारिणो ऽपि विहगाः सम्प्राप्नुवन्त्यापदं
बध्यन्ते निपुणैरगाधसलिलान्मत्स्याः समुद्रादपि।
दुर्नीतं किमिहास्ति किं सुचरितं कः स्थानलाभे गुणः
कालो हि व्यसनप्रसारितकरो गृह्णाति दूरादपि॥५१॥

इति प्रबोध्यातिथ्यं कृत्वालिङ्ग्य च सम्प्रेषितश्चित्रग्रीवः सपरिवारो यथेष्टदेशान्ययौ। हिरण्यको ऽपि स्वविवरं प्रविष्टः ॥

यानि कानि च मित्राणि कर्तव्यानि शतानि च।
पश्य मूषिकमित्रेण कपोता मुक्तबन्धनाः ॥ ५२ ॥

॥ अथ भर्तृहरिः ॥

द्रष्टव्येषु किमुत्तमं मृगदृशां प्रेमप्रसन्नं मुखं
घ्रातव्येष्वपि किं तदास्यपवनः श्रव्येषु किं तद्वचः ।
किं स्वाद्येषु तदोष्ठपल्लवरसः स्पृश्येषु किं तत्तनु-
र्ध्येयं किं नवयौवनं सुहृदयैः सर्वत्र तद्विभ्रमः ॥ १ ॥
नूनं हि ते कविवरा विपरीतबोधा
ये नित्यमाहुरबला इति कामिनीनाम् ।
याभिर्विलोलतरतारकदृष्टिपातैः
शक्रादयोऽपि विजितास्त्वबलाः कथं ताः ॥ २ ॥
केशाः संयमिनः श्रुतेरपि परं पारं गते लोचने
अन्तर्वक्त्रमपि स्वभावशुचिभिः कीर्णं द्विजानां गणैः ।
मुक्तानां सतताधिवासरुचिरं वक्षोजकुम्भद्वय-
मित्थं तन्वि वपुः प्रशान्तमपि ते क्षोभं करोत्येव नः ॥ ३ ॥
सति प्रदीपे सत्यग्नौ सत्सु तारारवीन्दुषु ।
विना मे मृगशावाक्ष्या तमोभूतमिदं जगत् ॥ ४ ॥
मुखेन चन्द्रकान्तेन महानीलैः शिरोरुहैः ।
पादाभ्यां पद्मरागाभ्यां रेजे रत्नमयीव सा ॥ ५ ॥
आवासः क्रियतां गाङ्गे पापहारिणि वारिणि ।
स्तनमध्ये तरुण्या वा मनोहारिणि हारिणि ॥ ६ ॥
सत्यं जना वच्मि न पक्षपाताल्लोकेषु सर्वेषु च तथ्यमेतत् ।
नान्यन्मनोहारि नितम्बिनीभ्यो दुःखैकहेतुर्न च कश्चिदन्यः ॥ ७ ॥
संसार तव निस्तारपदवी न दवीयसी ।
अन्तरा दुस्तरा न स्युर्यदि रे मदिरेक्षणाः ॥ ८ ॥

स्मृता भवति तापाय दृष्टा चोन्मादवर्धिनी ।
स्पृष्टा भवति मोहाय सा नाम दयिता कथम् ॥ ९ ॥
जल्पन्ति सार्धमन्येन पश्यन्त्यन्यं सविभ्रमाः ।
हृदये चिन्तयन्त्यन्यं प्रियः को नाम योषिताम् ॥ १० ॥
विस्तारितं मकरकेतनधीवरेण
स्त्रीसंज्ञितं वडिशमत्र भवाम्बुराशौ ।
येनाचिरात्तदधरामिषलोलमर्त्य-
मत्स्यान्विकृष्य स पचत्यनुरागवह्नौ ॥ ११ ॥
यदासीदज्ञानं स्मरतिमिरसञ्चारजनितं
तदा दृष्टं नारीमयमिदमशेषं जगदिति ।
इदानीमस्माकं पटुतरविवेकाञ्जनजुषां
समीभूता दृष्टिस्त्रिभुवनमपि ब्रह्म मनुते ॥ १२ ॥
यां चिन्तयामि सततं मयि सा विरक्ता
सा चान्यमिच्छति जनं स जनो ऽन्यसक्तः ।
अस्मत्कृते च परितुष्यति काचिदन्या
धिक्तां च तं च मदनं च इमां च मां च ॥ १३ ॥
अज्ञः सुखमाराध्यः सुखतरमाराध्यते विशेषज्ञः ।
ज्ञानलवदुर्विदग्धं ब्रह्मापि नरं न रञ्जयति ॥ १४ ॥
लभेत सिकतासु तैलमपि यत्नतः पीडय-
न्पिबेच्च मृगतृष्णिकासु सलिलं पिपासार्दितः ।
कदाचिदपि पर्यटञ्शशविषाणमासादये-
न्न तु प्रतिनिविष्टमूर्खजनचित्तमाराधयेत् ॥ १५ ॥
स्वायत्तमेकान्तहितं विधात्रा विनिर्मितं छादनमज्ञतायाः ।

विशेषतः सर्वविदां समाजे विभूषणं मौनमपण्डितानाम् ॥१६॥

यदा किञ्चिज्ज्ञोऽहं द्विप इव मदान्धः समभवं
तदा सर्वज्ञोऽस्मीत्यभवदवलिप्तं मम मनः ।
यदा किञ्चित्किञ्चिद्बुधजनसकाशादधिगतं
तदा मूर्खोऽस्मीति ज्वर इव मदो मे व्यपगतः ॥ १७ ॥

प्रायः कन्दुकपातेन पतत्यार्यः पतन्नपि ।
तथा त्वनार्यः पतति मृत्पिण्डपतनं यथा ॥ १८ ॥

केयूरा न विभूषयन्ति पुरुषं हारा न चन्द्रोज्ज्वला
न स्नानं न विलेपनं न कुसुमं नालङ्कृता मूर्धजाः ।
वागेका समलङ्करोति पुरुषं या संस्कृता धार्यते
क्षीयन्तेऽखिलभूषणानि सततं वाग्भूषणं भूषणम् ॥ १९ ॥

विद्या नाम नरस्य रूपमधिकं प्रच्छन्नगुप्तं धनं
विद्या भोगकरी यशःसुखकरी विद्या गुरूणां गुरुः ।
विद्या बन्धुजनो विदेशगमने विद्या परं दैवतं
विद्या राजसु पूजिता न हि धनं विद्याविहीनः पशुः ॥ २० ॥

कुसुमस्तवकस्येव द्वयी वृत्तिर्मनस्विनः ।
मूर्ध्नि वा सर्वलोकस्य शीर्येत वन एव वा ॥ २१ ॥

सिंहः शिशुरपि निपतति मदमलिनकपोलभित्तिषु गजेषु ।
प्रकृतिरियं सत्ववतां न खलु वयस्तेजसो हेतुः ॥ २२ ॥

जातिर्यातु रसातलं गुणगणस्तस्याप्यधो गच्छतां
शीलं शैलतटात्पतत्वभिजनः सन्दह्यतां वह्निना ।
शौर्ये वैरिणि वज्रमाशु निपतत्वर्थोऽस्तु नः केवलं
येनैकेन विना गुणास्तृणलवप्रायाः समस्ता इमे ॥ २३ ॥

यस्यास्ति वित्तं स नरः कुलीनः स पण्डितः स श्रुतवान्गुणज्ञः ।
स एव वक्ता स च दर्शनीयः सर्वे गुणाः काञ्चनमाश्रयन्ति ॥२४॥

दानं भोगो नाशस्तिस्रो गतयो भवन्ति वित्तस्य ।
यो न ददाति न भुङ्क्ते तस्य तृतीया गतिर्भवति ॥ २५ ॥

परिक्षीणः कश्चित्स्पृहयति यवानां प्रसृतये
स पश्चात्सम्पूर्णो गणयति धरित्रीं तृणसमाम् ।
अतश्चानैकान्त्याद्गुरुलघुतयार्थेषु धनिना-
मवस्था वस्तूनि प्रथयति च सङ्कोचयति च ॥ २६ ॥

राजन्दुधुक्षसि यदि क्षितिधेनुमेतां
तेनाद्य वत्समिव लोकमिमं पुषाण ।
तस्मिंश्च सम्यगनिशं परिपोष्यमाणे
नानाफलैः फलति कल्पलतेव भूमिः ॥ २७ ॥

यद्धात्रा निजभालपट्टलिखितं स्तोकं महद्वा धनं
तत्प्राप्नोति मरुस्थलेऽपि नितरां मेरौ च नातोऽधिकम् ।
त्वं धीरो भव वित्तवत्सु कृपणां वृत्तिं वृथा मा कृथाः
कूपे पश्य पयोनिधावपि घटो गृह्णाति तुल्यं जलम् ॥ २८ ॥

दुर्जनः परिहर्तव्यो विद्ययालङ्कृतोऽपि सन् ।
मणिना भूषितः सर्पः किमसौ न भयङ्करः ॥ २९ ॥

आरम्भगुर्वी क्षयिणी क्रमेण लघ्वी पुरा वृद्धिमती च पश्चात् ।
दिनस्य पूर्वार्धपरार्धभिन्ना छायेव मैत्री खलसज्जनानाम् ॥ ३० ॥

करे श्लाघ्यस्त्यागः शिरसि गुरुपादप्रणयिता
मुखे सत्या वाणी विजयिभुजयोर्वीर्यमतुलम् ।
हृदि स्वच्छा वृत्तिः श्रुतमधिगतं च श्रवणयो-

र्विनाप्यैश्वर्येण प्रकृतिमहतां मण्डनमिदम् ॥ ३१ ॥
सन्तप्तायसि संस्थितस्य पयसो नामापि न ज्ञायते
मुक्ताकारतया तदेव नलिनीपत्रस्थितं राजते ।
स्वात्यां सागरशुक्तिमध्यपतितं तन्मौक्तिकं जायते
प्रायेणाधममध्यमोत्तमगुणः संसर्गतो जायते ॥ ३२ ॥
श्रोत्रं श्रुतेनैव न कुण्डलेन दानेन पाणिर्न तु कङ्कणेन ।
विभाति कायः करुणापराणां परोपकारेण न चन्दनेन ॥ ३३ ॥
तृष्णां छिन्धि भज क्षमां जहि मदं पापे रतिं मा कृथाः
सत्यं ब्रूह्यनुयाहि साधुपदवीं सेवस्व विद्वज्जनान् ।
मान्यान्मानय विद्विषोऽप्यनुनय प्रच्छादय स्वान्गुणा-
न्कीर्तिं पालय दुःखिते कुरु दयामेतत्सतां चेष्टितम् ॥ ३४ ॥
प्रारभ्यते न खलु विघ्नभयेन नीचैः
प्रारभ्य विघ्नविहता विरमन्ति मध्याः ।
विघ्नैः पुनः पुनरपि प्रतिहन्यमानाः
प्रारब्धमुत्तमजना न परित्यजन्ति ॥ ३५ ॥
आलस्यं हि मनुष्याणां शरीरस्थो महान्रिपुः ।
नास्त्युद्यमसमो बन्धुः कुर्वाणो नावसीदति ॥ ३६ ॥
वह्निस्तस्य जलायते जलनिधिः कुल्यायते तत्क्षणा-
न्मेरुः स्वल्पशिलायते मृगपतिः सद्यः कुरङ्गायते ।
व्यालो माल्यगुणायते विषरसः पीयूषवर्षायते
यस्याङ्गेऽखिललोकवल्लभतमं शीलं समुन्मीलति ॥ ३७ ॥
ऐश्वर्यस्य विभूषणं सुजनता शौर्यस्य वाक्संयमो
ज्ञानस्योपशमः शमस्य विनयो वित्तस्य पात्रे व्ययः ।

अक्रोधस्तपसः क्षमा प्रभवितुर्धर्मस्य निर्व्याजता
सर्वेषामपि सर्वकारणमिदं शीलं परं भूषणम् ॥ ३८ ॥

नैवाकृतिः फलति नैव कुलं न शीलं
विद्यापि नैव न च यत्नकृतापि सेवा।
भाग्यानि पूर्वतपसा खलु सञ्चितानि
काले फलन्ति पुरुषस्य यथैव वृक्षाः ॥ ३९ ॥

उत्खातं निधिशङ्कया क्षितितलं ध्माता गिरेर्धातवो
निस्तीर्णः सरितां पतिर्नृपतयो यत्नेन सन्तोषिताः।
मन्त्राराधनतत्परेण मनसा नीताः श्मशाने निशाः
प्राप्तः काणवराटको ऽपि न मया तृष्णे ऽधुना मुञ्च माम् ॥४०॥

भोगा न भुक्ता वयमेव भुक्तास्तपो न तप्तं वयमेव तप्ताः।
कालो न यातो वयमेव यातास्तृष्णा न जीर्णा वयमेव जीर्णाः ॥४१॥

आशा नाम नदी मनोरथजला तृष्णातरङ्गाकुला
रागग्राहवती वितर्कविहगा धैर्यद्रुमध्वंसिनी।
मोहावर्तसुदुस्तरातिगहना प्रोत्तुङ्गचिन्तातटी
तस्याः पारगता विशुद्धमनसो नन्दन्ति योगीश्वराः ॥ ४२ ॥

अवश्यं यातारश्चिरतरमुषित्वापि विषया
वियोगे को भेदस्त्यजति न जनो यत्स्वयममून्।
व्रजन्तः स्वातन्त्र्यादतुलपरितापाय मनसः
स्वयं त्यक्तास्त्वेते शमसुखमनन्तं विदधति ॥ ४३ ॥

अजानन्दाहार्तिं पतति शलभो दीपदहने
स मीनो ऽप्यज्ञानाद्बडिशयुतमश्नाति पिशितम्।
विजानन्तो ऽप्येते वयमिह विपज्जालजटिला-

न मुञ्चामः कामानहह गहनो मोहमहिमा ॥ ४४ ॥

आधिव्याधिशतैर्जनस्य विविधैरारोग्यमुन्मूल्यते
लक्ष्मीर्यत्र पतन्ति तत्र विवृतद्वारा इव व्यापदः ।
जातं जातमवश्यमाशु विवशं मृत्युः करोत्यात्मसा-
त्तत्किं नाम निरङ्कुशेन विधिना यन्निर्मितं सुस्थिरम् ॥ ४५ ॥

आयुः कल्लोललोलं कतिपयदिवसस्थायिनी यौवनश्री-
रर्थाः सङ्कल्पकल्पा घनसमयतडिद्विभ्रमा भोगपूगाः ।
कण्ठाश्लेषोपगूढं तदपि च न चिरं यत्प्रियाभिः प्रणीतं
ब्रह्मण्यासक्तचित्ता भवत भवभयाम्भोधिपारं तरीतुम् ॥ ४६ ॥

यत्रानेकः क्वचिदपि गृहे तत्र तिष्ठत्यथैको
यत्राप्येकस्तदनु बहवस्तत्र नैको ऽपि चान्ते ।
इत्थं चेमौ रजनिदिवसौ दोलयन्द्वाविवाक्षौ
कालः काल्या भुवनफलके क्रीडति प्राणिशारैः ॥ ४७ ॥

आदित्यस्य गतागतैरहरहः सङ्क्षीयते जीवितं
व्यापारैर्बहुकार्यभारगुरुभिः कालो न विज्ञायते ।
दृष्ट्वा जन्मजराविपत्तिमरणं त्रासश्च नोत्पद्यते
पीत्वा मोहमयीं प्रमादमदिरामुन्मत्तभूतं जगत् ॥ ४८ ॥

आयुर्वर्षशतं नृणां परिमितं रात्रौ तदर्धं गतं
तस्यार्धस्य परस्य चार्धमपरं बालत्ववृद्धत्वयोः ।
शेषं व्याधिवियोगदुःखसहितं सेवादिभिर्नीयते
जीवे वारितरङ्गबुद्बुदसमे सौख्यं कुतः प्राणिनाम् ॥ ४९ ॥

वयमिह परितुष्टा वल्कलैस्त्वं दुकूलैः
सम इह परितोषो निर्विशेषो विशेषः ।

स तु भवतु दरिद्रो यस्य तृष्णा विशाला
मनसि च परितुष्टे कोऽर्थवान्को दरिद्रः ॥५०॥

फलमलमशनाय स्वादु पानाय तोयं
शयनमवनिपृष्ठे वाससी वल्कले च ।
धनलवमधुपानभ्रान्तसर्वेन्द्रियाणा-
मविनयमनुमन्तुं नोत्सहे दुर्जनानाम् ॥५१॥

अश्नीमहि वयं भिक्षामाशावासो वसीमहि ।
शयीमहि महीपृष्ठे कुर्वीमहि किमीश्वरैः ॥५२॥

परिभ्रमसि किं वृथा क्वचन चित्त विश्रम्यतां
स्वयं भवति यद्यथा भवति तत्तथा नान्यथा ।
अतीतमपि न स्मरन्नपि च भाव्यसङ्कल्पय-
न्नतर्कितगमागमाननुभवस्व भोगानिह ॥५३॥

एतस्माद्विरमेन्द्रियार्थगहनादायासकादाश्रय
श्रेयोमार्गमशेषदुःखशमनव्यापारदक्षं क्षणात् ।
आत्मीभावमुपैहि सन्त्यज निजां कल्लोललोलां गतिं
मा भूयो भज भङ्गुरां भवरतिं चेतः प्रसीदाधुना ॥५४॥

पातालमाविशसि यासि नभो विलङ्घ्य
दिङ्मण्डलं भ्रमसि मानस चापलेन ।
भ्रान्त्यापि जातु विमलं कथमात्मलीनं
न ब्रह्म संस्मरसि निर्वृतिमेषि केन ॥५५॥

गात्रं सङ्कुचितं गतिर्विगलिता भ्रष्टा च दन्तावली
दृष्टिर्नश्यति वर्धते बधिरता वक्त्रं च लालायते ।
वाक्यं नाद्रियते च बान्धवजनो भार्या न शुश्रूषते

हा कष्टं पुरुषस्य जीर्णवयसः पुत्रो ऽप्यमित्रायते ॥ ५६ ॥

श्वेतं पदं समभिवीक्ष्य शिरोरुहाणां
स्थानं परं परिभवस्य तदेव पुंसाम् ।
आरोपितास्थिशकलं परिहृत्य यान्ति
चाण्डालकूपमिव दूरतरं तरुण्यः ॥ ५७ ॥

यावत्स्वस्थमिदं शरीरमरुजं यावज्जरा दूरतो
यावच्चेन्द्रियशक्तिरप्रतिहता यावत्क्षयो नायुषः ।
आत्मश्रेयसि तावदेव विदुषा कार्यः प्रयत्नो महा-
न्सन्दीप्ते भवने तु कूपखननं प्रत्युद्यमः कीदृशः ॥ ५८ ॥

तपस्यन्तः सन्तः किमधिनिवसामः सुरनदीं
गुणोदारान्दारानुत परिचरामः सविनयान् ।
पिबामः शास्त्रौघानुत विविधकाव्यामृतरसा-
न्न विद्मः किं कुर्मः कतिपयनिमेषायुषि जने ॥ ५९ ॥

दुराराध्यः स्वामी तुरगचलचित्ताः क्षितिभुजो
वयं च स्थूलेच्छाः सुमहति पदे बद्धमनसः ।
जरा देहं मृत्युर्हरति दयितं जीवितमिदं
सखे नान्यच्छ्रेयो जगति विदुषामन्त्र तपसः ॥ ६० ॥

माने म्लायिनि खण्डिते च वसुनि व्यर्थे प्रयाते ऽर्थिनि
क्षीणे बन्धुजने गते परिजने नष्टे शनैर्यौवने ।
युक्तं केवलमेतदेव सुधियां यज्जह्नुकन्यापयः-
पूतग्रावगिरीन्द्रकन्दरदरीकुञ्जे निवासः क्वचित् ॥ ६१ ॥

रम्याश्चन्द्रमरीचयस्तृणवती रम्या वनान्तस्थली
रम्यं साधुसभासमागमसुखं काव्येषु रम्याः कथाः ।

कोपोपाहितवाष्पविन्दुतरलं रम्यं प्रियाया मुखं
सर्वं रम्यमनित्यतामुपगते चित्ते न किञ्चित्पुनः ॥ ६२ ॥
परिचरितव्याः सन्तो यद्यपि कथयन्ति नैकमुपदेशम् ।
यास्तेषां स्वैरकथास्ता एव भवन्ति शास्त्राणि ॥ ६३ ॥
॥ इति भर्तृहरिश्लोकाः ॥

Wörterbuch.

Die Zahlen in Klammern bezeichnen die Paragraphen der Grammatik.

p. bedeutet: Particip Perf. Pass.

अ

अ und **अन्** verneinendes Praefix (236. 239).

अक्रोध m. Nichtzürnen.

अक्ष m. Würfel.

अक्षम unfähig.

अक्षय unvergänglich. **°त्व** n. Abstr.

अक्षि n. (231) Auge.

अक्षौहिणी f. Heer.

अखिल all.

अगद m. Arzenei.

अगाध bodenlos.

अग्नि m. Feuer, Gott des Feuers.

अग्र n. Spitze.

अग्रतस् vorn, voran.

अङ्कुश m n. Haken.

अङ्ग n. Glied, Körper.

अङ्गना f. Frau.

अचल m. Berg.

अज m. Bock.

अजर nicht alternd.

अज्ञ unwissend. **°ता** f. Abstr.

अज्ञान n. Unwissenheit.

अञ्जन n. Augensalbe.

अञ्जलि m. zusammengelegte Hände.

अट् 1. wandeln.

— **परि** umherschweifen.

अण्डज m. Vogel.

अतस् von da; daher; als das.

अति über, sehr.

अतिथि m. Gast.

अतीव sehr.

अतुल unvergleichlich.

अत्यन्त unendlich.

अत्र hier; in diesem.

अथ nun; dann.

अथवा oder.

अदस् (103) jener.

अद्भुत wunderbar.

अद्य heute, jetzt.

अद्रव्य n. Unding.

अधम niedrigster.

अधर m. Lippe.

अधस् unter.

अधिक überschüssig; mehr.
अधिवास m. Aufenthalt.
अधुना jetzt.
अध्ययन n. Lesen.
अनघ schuldlos.
अनन्त unendlich.
अनन्तरम् gleich darauf.
अनर्घ्य unschätzbar. °त्व n. Abstr.
अनर्थ m. Schaden.
अनवद्य tadellos.
अनामय n. Gesundheit.
अनार्य unedel.
अनित्य vergänglich. °ता f. Abstr.
अनिशम् ohne Aufhören.
अनु nach.
अनुत्तम höchster.
अनुराग m. Liebe.
अनुव्रत ergeben.
अनुष्ठान n. Befolgung.
अनुसरण n. Nachgehen.
अनेक mehr als einer, viel.
अनेन s. इदम् (102).
अन्त m n. Ende.
अन्तःपुर n. Frauengemach.
अन्तकर Ende machend.
अन्तर n. Unterschied; Zeitpunkt.
अन्तरा dazwischen.
अन्तरिक्ष n. Luftraum.
अन्तरिक्षग m. Vogel.
अन्तर्वक्त्र m. innerer Mund.
अन्तिक n. Nähe.
अन्तिम letzter.
अन्ध blind.
अन्न n. Speise.
अन्य (107) anderer.
अन्यतम einer von mehreren.
अन्यथा anders.
अन्योन्य einander.
अप् f. (87) Wasser.
अपत्य n. Nachkomme.
अपर anderer.
अपराङ्मुख das Gesicht nicht abwendend.
अपराध m. Vergehen.
अपहारक m. Wegnehmer.
अपाय m. Unheil.
अपि auch, sogar, selbst.
अप्रज kinderlos.
अप्रतिम ohne Gleichen.
अबल schwach. — f. Frauenzimmer.
अभाविन् was nicht sein wird.
अभिजन m. Familie.
अभिज्ञ kundig.
अभिभाषिन् anredend.
अभिरुचि f. Verlangen.
अभ्यन्तर n. Zwischenraum.
अभ्यास m. Studium, Uebung.
अभ्युदय m. Glück.
अमर unsterblich.
अमित्राय् (206) sich wie ein Feind betragen.
अमु s. अदस् (103).
अमृत n. Ambrosia.
अम्बा f. Mutter.
अम्बुराशि m. Meer.
अम्भोधि m. Meer.

अयम् s. इदम् (102).
अयस् n. Eisen.
अरण्य m n. Wald.
अगद gesund.
अरोगिन् gesund. — °ता (48) Abstr.
अर्च् 10. ehren.
अर्जन n. Erwerbung.
अर्थ् 10. mit प्र verlangen.
अर्थ m. Zweck, Sache, Nutzen, Reichthum, That. — Acc. u. Loc. wegen.
अर्थवत् (80) reich.
अर्थिन् bittend.
अर्द् 10. quälen.
अर्ध m. Hälfte.
अर्पय् Caus. ऋ (200).
अर्ह् 1. dürfen, können.
अर्ह würdig.
अलम् genug. — mit कृ s. d.
अल्प klein, gering.
अल्पक dass.
अवज्ञा f. Verachtung.
अवनि f. Erde.
अवपात m. Herabfliegen.
अवलम्बिन् herabhängend.
अवश unbewältigt.
अवश्यम् nothwendig, unvermeidlich.
अवस्था f. Lage, Verhältniss.
अविनय m. Unbescheidenheit.
अविवेक unverständig. — °ता f. Abstr.
अव्यय unvergänglich.
अश् 9. essen.
अशन n. Essen.
अशेष ganz, all.
अश्मन् m. Stein.
अश्व m. Pferd.
अश्विन् m. Du. zwei Götter.
अष्टविध achtfältig.
अस् 2. sein (129).
असाधारण nicht allgemein, speciell.
असौ s. अदस्.
अस्त n. Untergang.
अस्थि n. Knochen.
अस्मद् (101) wir.
अह् (173) sagen.
अहन् n. (88) Tag.
अहह ach!
अहार्य unnehmbar. — °त्व n. Abstr.
अहि m. Schlange.
अहो oh!

आ

आकर m. Mine.
आकार m. Gestalt, Aussehen.
आकुल erfüllt.
आकृति f. Gestalt.
आखु m. Maus.
आगत n. Kommen.
आगम m. Kommen, Zufluss.
आगमन n. Kommen.
आढक m n. Scheffel.
आतिथ्य n. gastliche Aufnahme.
आत्मन् m. Seele, Selbst.
आत्मसात् zu Eigen.
आत्मीभाव m. das Werden zur Allseele.
आदर m. Sorgfalt.

आदि m. Anfang, Erster.
आदिक (240) dass.
आदित्य m. Sonne.
आद्य erster.
आधि m. Sorge.
आप् 5. erreichen, erlangen. Des. ईप्स् (204) begehren.
— प्र erreichen, kommen.
— सम्प्र erreichen.
आपद् f. Unfall, Noth.
आपूरण anfüllend.
आभरण n. Schmuck.
आमिष n. Fleisch.
आयत p. यम् (214) lang.
आयत्त abhängig.
आयासक ermüdend.
आयुस् n. Leben, Lebensdauer.
आरम्भ m. Beginnen.
आराधन n. zu gewinnen suchen.
आरोग्य n. Gesundheit.
आरोपित caus. रुह् (200) aufgesteckt.
आर्त betroffen.
आर्ति f. Schmerz.
आर्य edel.
आलम्बिन् stützend.
आलस्य n. Trägheit.
आवर्त m. Wirbel.
आवली f. Reihe.
आवास m. Wohnung.
आशा f. Hoffnung; Himmelsgegend.
आशु schnell.
आश्लेष m. Umschlingung.
आस् ach!
आस् 2. sitzen (211).
— पर्युप umhersitzen.
आसन n. Sitz.
आस्था f. Rücksicht.
आस्य n. Mund.
आहार m. Essen.

इ

इ 2. gehen, gelangen.
— अति überschreiten; vergehen.
— अधि lesen (130).
— अनु p. erfüllt.
— उप kommen, hingehen zu. p. begabt.
— समुप herkommen.
— विपरि p. verkehrt.
— प्रति vertrauen.
इङ्गित n. Geberde.
इच्छ् s. इष् 6. (124).
इच्छा f. Wunsch.
इज्या f. Opfer.
इतर anderer.
इतस् von hier.
इति so.
इत्थम् so.
इदम् (102) dieser.
इदानीम् jetzt.
इन्दु m. Mond.
इन्द्र m. Fürst, Oberster; ein Gott.
इन्द्रिय n. Sinn.
इम s. इदम् (102).
इयम् s. इदम् (102).
इव wie, gleichsam.

इष् 4 mit प्र Caus. schicken.
— सम्प्र entlassen.
इष् 6. (124) wünschen.
— अभि dass.
इह hier.

ई

ईक्ष् 1. sehen.
— अप erwarten.
— परि prüfen.
— समभिवि wahrnehmen.
— सम् dass.
ईक्षण n. Blick.
ईदृश f. ई solcher.
ईप्स् s. आप् ।
ईर्ष्यिन् neidisch.
ईश्वर m. Herr, Reicher.

उ

उ aber, vielmehr.
उक्त p. वच् (214).
उक्ति f. Rede, Ausdruck.
उग्र streng.
उचित angemessen.
उच्चार m. Excrement.
उच्छेदिन् vernichtend.
उज्ज्वल glänzend.
उज्झ् 6. mit प्र vermeiden.
उत auch, oder.
उत्तम höchster.
उत्तर letzter.
उत्था s. स्था ।
उदय m. Aufgang.
उदार erhaben, edel.
उद्धरण n. Herausreissen.
उद्यम m. Anstrengung.
उद्योग m. Anstrengung.
उद्योगिन् sich anstrengend.
उद्विग्न p. विज् (214).
उन्माद m. Verwirrung.
उन्मार्ग m. Abweg.
उपकार m. Dienstleistung.
उपकारिन् Dienst erweisend.
उपगूढ n. Umarmung.
उपजीविन् lebend von . .
उपदेश m. Unterweisung.
उपदेशिन् unterweisend.
उपरि oben, über.
उपशम m. Gemüthsruhe.
उपाख्यान n. Episode.
उपालम्भ m. Tadel.
उरग m. Schlange.
उवाच s. वच् (174).
उषित्वा s. वस् (213).

ऊ

ऊचुस् s. वच् (174).
ऊर्ध्व aufwärts.

ऋ

ऋ 1. mit सम् Caus. (200) übergeben.
ऋण n. Schulden.
ऋध् 5. gedeihen.
— सम् p. reich.
ऋषि m. Weiser, Heiliger.

ए

एक (108) einer; einzig, allein.

एकचित्त einmüthig. एकचित्तीभू (229).

एकदा einmal.

एकान्त nur, absolut, durchaus.

एकैक jeder eine. °शस् (100) einzeln.

एतद् (105) dieser.

एतावत् (80) so gross.

एनद् (105) er.

एव eben, nur, schon.

एवम् so.

ऐ

ऐकान्त्य n. Nothwendigkeit.

ऐश्वर्य n. Vornehmheit, Reichthum.

ओ

ओघ m. Strom.

ओष्ठ m. Lippe.

औ

औपम्य n. Aehnlichkeit.

औषध n. Arzenei.

क

कङ्कण mn. Armband.

कठिनी f. Kreide.

कण m. Korn.

कण्ठ m. Hals.

कतिपय einige.

कथ् 10. erzählen, erwähnen.

कथम् wie?

कथा f. Erzählung.

कदा wann?

कदाचित् einmal (113).

कन्दर mn. Schlucht.

कन्दर्प m. Liebesgott.

कन्दुक m. Spielball.

कन्या f. Mädchen.

कपोत m. Taube.

कपोल m. Wange.

कर f. ई machend. m. Hand; Strahl.

करुणा f. Mitleid.

कर्ण् 10. mit आ hören.

कर्तृ m. Macher, Arbeiter.

कर्मन् n. That.

कर्हिचित् jemals, irgendwann.

कलह m. Zank.

कला f. Mondsichel.

कलेवर mn. Leib.

कल्प ähnlich. m. Weltperiode.

कल्पलता f. Wunschpflanze.

कल्मष n. Sünde.

कल्याण f. ई lieblich.

कल्लोल m. Welle.

कवि m. Dichter.

कष्टम् wehe!

काक m. Krähe.

काकतालीयवत् unvermuthet.

कांक्ष् 1. begehren.

काच m. Glas.

काञ्चन n. Gold.

काण durchbohrt.

कान्त lieblich.

कान्ति f. Anmuth.

कापुरुष m. verächtlicher Mann.

काम m. Begierde, Wunsch, Liebe; Liebesgott.

कामदुह् f. (22) eine mythische Kuh.

कामिनी f. Liebende.

काय m. Leib.

कार m. Thun.

कारण n. Ursache.

कारिन् machend.

कार्य (216) zu machen. n. Geschäft, Sache.

काल m. Zeit; Çiva.

काली f. die Göttin Durgâ.

काव्य n. Dichtung.

किंशुक m. ein Baum.

किम् (106) wer? was? — n. adv. warum? Fragepartikel. किं तु aber, jedoch. — कस्मात् weshalb? — mit अपि, चन oder चित् jemand, etwas (113).

कीट m. Wurm.

कीदृश f. ई welcher? wie beschaffen?

कीर्ण p. कॄ (214).

कीर्ति f. Ruhm.

कुच् 1. mit सम् p. zusammengezogen. Caus. verkleinern.

कुञ्ज mn. Laube.

कुट्टनी f. Kupplerin.

कुण्डल mn. Ohrring.

कुतस् woher?

कुतूहल n. Eifer.

कुत्र wo?

कुमार m. Knabe.

कुमुद्विनी f. Lotuspflanze.

कुम्भ m. Krug.

कुरङ्गाय् (206) zur Antilope werden.

कुल n. Geschlecht, Familie.

कुलीन von edlem Geschlecht.

कुल्याय् (206) zum Bache werden.

कुश m. ein Gras.

कुशल n. Wohlsein.

कुशलिन् gesund.

कुशूल m. Kornboden.

कुसुम n. Blume.

कूप m. Brunnen.

कूर्म m. Schildkröte.

कृ 8 (143) machen, thun. pass. (192). Caus. bewirken, machen lassen.

— अलम् schmücken.

— समलम् dass.

— परिष्कृ (30) p. angethan, geschmückt.

— प्र feststellen.

— संस् p. zierlich.

कृतान्त m. Todesgott.

कृते wegen.

कृत्स्न ganz.

कृपण jämmerlich.

कृश mager.

कृष् mit आ heranziehen.

— वि herausziehen.

कॄ 6 (42) p. (214) angefüllt.

— वि ausstreuen.

कॢप् 10. mit सम् bedenken.

केयूर mn. Armband.

केवलम् nur, allein.

केश m. Haupthaar.

कोप m. Zorn.

कोमल zart.

कोविद् kundig.

कौन्तेय m. Sohn der Kunti.

क्रम् 1. schreiten.

— अति überschreiten.

— समति übertreffen.

— आ einnehmen.

— उप hinzugehen.

क्रम m. Gang, Verlauf, Weise.

क्रिया f. Thätigkeit, Mühe.

क्रीड् 1. spielen.

क्रोध m. Zorn.

क्रोधन zornig.

क्लिश् 4. Qual leiden.

क्व wo? क्वचन, क्वचित्, क्वापि irgendwo (113).

क्षण m. Augenblick.

क्षत्रिय m. Krieger.

क्षम् 1. verzeihen.

क्षम fähig.

क्षमा f. Geduld.

क्षय m. Schwinden.

क्षयिन् abnehmend.

क्षि 1. pass. vergehen, verschwinden.

— परि p. dürftig.

— सम् pass. hinschwinden.

क्षिति f. Erde.

क्षितिभुज् m. König.

क्षिप् 6. werfen.

— आ verspotten.

क्षुधा f. Hunger.

क्षोभ m. Aufregung.

ख

खग m. Vogel.

खगम m. Vogel.

खण्ड् 10. zerschneiden, verthun.

खन् 1. graben. p. खात (214).

— उद् aufgraben.

खनन n. das Graben.

खल böse.

खलु durchaus, ja.

खाद् essen.

ग

ग gehend, befindlich.

गगन n. Himmel.

गच्छ् s. गम् (124).

गज m. Elephant.

गण् 10. rechnen.

गण m. Schaar, Menge.

गणन n. Zählen.

गण्डकी f. ein Fluss.

गत p. गम् (214) gegangen, befindlich. n. Gehen.

गतानुगतिक den Vorangegangenen nachgehend.

गति f. Gang, Schicksal.

गन्ध m. Geruch.

गन्धर्व m. ein göttliches Wesen.

गम् 1. (124) gehen, weggehen, gelangen.

— अधि erlangen; lesen, lernen.

— अप weggehen.

— अभि kommen zu, gehen zu.

— आ (220) hinzugehen, kommen.

— समा zusammenkommen.

— उप hinzugehen, gelangen.

— वि weggehen.

— सम् Caus. hinführen.

गम m. Gehen.

गमन n. dass.

गरुत्मत् m. Vogel.

गर्भ m. Mutterleib.

गल् 1. verloren gehen.

— वि p. geschwächt.

गल m. Hals.

गहन tief, dicht. n. Dickicht.

गाङ्ग der Gangâ angehörend.

गात्र n. Körper.

गामिन् gehend.

गिर् f. Sprache.

गिरि m. Berg.

गुण m. Eigenschaft, Tugend; Strick, Bogensehne.

गुणज्ञ Tugend kennend.

गुणत्व n. Zustand eines Strickes.

गुणवत् (80) tugendhaft, vortrefflich.

गुणिता f. Tugendhaftigkeit.

गुणिन् tugendhaft.

गुप् 1. hüten.

गुरु f. ई schwer, gross. m. Lehrer.

गुरुलघुता f. Grösse u. Kleinheit.

गृह m. Haus.

गृहीत p. ग्रह् (214).

गो m f. Rind, Kuh.

गोघ्न m. Kuhtödter.

गोत्र n. Geschlecht, Familie.

गोदावरी f. ein Fluss.

ग्रन्थ m. Buch.

ग्रस् 1. verschlingen.

ग्रह् 9. (145. 174. 214. 217. 218) ergreifen, fassen; annehmen. Caus. (197).

ग्रह m. der Ergreifer = Râhu.

ग्रावन् m. Stein.

ग्राह m. Krokodil.

घ

घट m. Topf.

घन m. Wolke.

घृणिन् tadelsüchtig.

घोष m. Lärm.

घ्न tödtend, vernichtend.

घ्नत् p. praes. हन् (209).

घ्रा 1. (124) riechen.

घ्रातव्य (216) riechbar.

च

च und.

चकित erschreckt.

चक्र n. Rad.

चक्षुस् n. Auge.

चतुर् (97) vier.

चतुष्टय n. Vierzahl.

चन्दन m n. Sandel.

चन्द्र m. Mond.

चन्द्रकान्त mondlieblich. m. ein Edelstein.

चन्द्रमस् m. Mond.

चर् 1. wandern; ausüben.

— आ ausüben.

— परि bedienen.

— वि umhergehen. Caus. überlegen.

चरित n. Wandel.

चल् 1. fortgehen.

चल beweglich.

चाण्डाल m. Câṇḍâla.

चापल n. Unruhe.

चारिन् umhergehend.

चारु lieblich.

चि 5. mit सम् einsammeln.

चिकीर्ष् desid. कृ (204).

चित्त n. Gedanke, Sinn, Gemüth.

चित्र bunt.

चित्रग्रीव m. Eigenname.

चित्रवन n. ein Wald.

चिन्त् 10. denken, bedenken.

— वि dass.

— सम् denken an.

चिन्ता f. Gedanke, Sorge.

चिर lang (Zeit).

चूडा f. Scheitel.

चेतना f. Sinn.

चेतस् n. Herz.

चेद् wenn.

चेष्टित n. Benehmen.

च्युति f. Hervorkommen.

छ

छद् 10. p. छन्न (214).

— प्र verbergen.

छल mn. Täuschung, Hülle.

छादन n. Hülle.

छाया f. Schatten.

छिद् 7. zerschneiden, vernichten. p. छिन्न (214).

छेत्तृ m. Vernichter.

ज

जगत् n. Welt.

जङ्घा f. Bein.

जटिल umschlungen.

जन् 4. (124. 214) geboren werden, entstehen. Caus. erzeugen, gebären.

— उप geboren werden.

— प्र dass.

जन m. Mensch, Leute.

जननी f. Mutter.

जन्मन् n. Geburt, Entstehung, Leben.

जरा f. Alter.

जल n. Wasser.

जलनिधि m. Meer.

जलाय् (206) Wasser werden.

जल्प् 1. reden, plaudern.

जहि imper. हन् (136).

जह्नुकन्या f. Gangâ.

जात p. जन् (214).

जातरूप n. Gold.

जाति f. Geburt, Stand.

जातु jemals.

जान् s. ज्ञा (145).

जाल n. Netz.

जाह्नवी f. Gangâ.

जि 1. mit वि besiegen.
जीर्ण p. जॄ (214).
जीव् 1. leben. Caus. am Leben erhalten.
जीव mn. Leben, lebendes Wesen.
जीवित n. Leben.
जुष् 6. Gefallen finden.
जॄ 4. p. abgenutzt, verdaut.
ज्ञ kundig, wissend.
ज्ञा 9. (145) kennen, erkennen, wissen.
— प्रत्यभि wiedererkennen.
— प्रति versprechen.
— वि erkennen, bemerken.
ज्ञान n. Kenntniss, Wissen.
ज्योतिस् n. Stern.
ज्वर m. Fieber.

ड

डी 1. mit उद् auffliegen.

त

तट m. Abhang, Ufer.
तडित् f. Blitz.
तण्डुल m. Reiss.
ततस् von da; darauf.
तत्त्व n. Wesen.
तत्पर beschäftigt.
तत्र dort, dahin.
तथा so; ja; und.
तथापि dennoch, aber.
तथाविध solcher.
तथ्य wahr.
तद् (104) der, er. n. adv. deshalb.
तदा dann, da.
तनु f. ई dünn, schlank.
तनू f. Leib.
तन्द्रा f. Schlaffheit.
तन्द्रित ermüdet.
तप् 1. quälen, kasteien.
— सम् p. glühend.
तपस् n. Kasteiung.
तपस्य् (206) sich kasteien.
तमस् n. Finsterniss.
तरङ्ग m. Welle.
तरल zitternd.
तरु m. Baum.
तरुण f. ई jung.
तर्क् 10. vermuthen.
तल n. Fläche, Boden.
°तस् Suff. des Ablativs.
तात m. Lieber.
तादृश् solcher.
ताप m. Qual.
तारक m. Stern.
तारा f. Stern.
तावत् so gross. adv. so lange, da, indessen, zunächst.
तिमिर n. Finsterniss.
तिरस् mit कृ schelten.
तिरस्कार m. Schelten.
तिल m. Sesamkorn.
तिलक mn. Zierrat.
तिसृ f. त्रि (97).
तिष्ठ् s. स्था (124).
तीर n. Ufer.

तीर्ण p. तृ (214).

तीर्थ mn. Badeplatz.

तु aber.

तुरग m. Pferd.

तुल्य gleich.

तुष् 4. zufrieden sein. Caus. befriedigen.

— परि zufrieden sein, Gefallen finden.

— सम् dass. Caus. befriedigen.

तुष m. Hülse.

तूष्णीम् still.

तृण mn. Gras.

तृतीय dritter.

तृष्णा f. Durst, Begierde.

तृ 1. (42. 214. 217) überschiffen.

— अव herabsteigen.

— निस् überschiffen.

तेजस् n. Glanz; Thatkraft.

तैल n. Oel.

तोय n. Wasser.

त्यज् 1. verlassen, aufgeben.

— परि dass.

— सम् dass.

त्याग m. Hingeben, Freigebigkeit.

त्रय n. Dreizahl.

त्रास m. Angst.

त्रि (97) drei.

त्रितय n. Dreizahl.

त्रुट् 4. zerbrechen.

त्रैलोक्य n. Dreiwelt.

त्वम् (101) du.

त्वर् 1. eilen.

त्वरा f. Eile.

द

दक्ष geschickt, geeignet.

दक्षिण recht, südlich.

दन्त m. Zahn.

दन्तिन् m. Elephant.

दम m. Eigenname.

दमन m. Eigenname.

दमयन्ती f. Eigenname.

दम्भ m. Verstellung, Schein.

दया f. Mitleid.

दयित geliebt.

दरिद्र arm. °ता f. Abstr.

दरी f. Höhle.

दर्प m. Uebermuth.

दर्शक zeigend.

दर्शन n. Aussehen, Anblick.

दर्शनीय schön.

दवीयस् comp. दूर (95).

दशन् zehn.

दशा f. Lebensalter.

दह् 1. brennen.

— वि p. verschmitzt.

— सम् verbrennen.

दहन n. Flamme.

दा 3. (137. 167) geben. pass. दीयते (192).

— आ nehmen.

दातृ freigebig.

दान n. Geben, Gabe.

दामन m. Eigenname.

दार m. plur. Ehefrau.

दासी f. Sclavin, Magd.

दाह m. Brennen.

दिदृक्षु zu sehen wünschend.

दिन n. Tag.

दिवस mn. Tag.

दिवा bei Tage.

दिवाकर m. Sonne.

दिवौकस् m. Himmelsbewohner.

दिश् 6. mit आ anweisen.

दिश् f. Himmelsgegend.

दीन traurig.

दीप् 4. strahlen. Intens. (205).

— सम् in Flammen stehen.

दीप m. Lampe.

दीयते pass. दा (192).

दीर्घ lang.

दीर्घसूत्र saumselig. °ता f. Abstr.

दुःख n. Schmerz, Leid.

दुःखित unglücklich.

दुकूल n. feines Gewand.

दुरात्मन् boshaft.

दुर्गत dem es schlecht geht.

दुर्जन m. schlechter Mensch.

दुर्धर्ष schwer zu bewältigen.

दुर्निवार schwer abzuwehren.

दुर्नीत n. schlechtes Betragen.

दुर्भगा f. ungeliebt.

दुर्वृत्त von schlechtem Betragen.

दुल् 10. schwingen.

दुष्कर schwer zu thun.

दुस् schlimm, schwer.

दुस्तर schwer zu passiren.

दुह् 2. melken. Desid. (204).

दुहितृ f. Tochter.

दूत m. Bote.

दूर fern, weit.

दूरतस् in der Ferne.

दृ 6. (124) mit आ achten. pass. (192).

दृश् 1. (124) sehen, ansehen für. Caus. zeigen.

दृश् f. Auge.

दृश्य sehenswerth.

दृष्टि f. Sehen, Blick.

देदीप् Intens. दीप् (205).

देय (216) zu geben.

देव m. Gott.

देवत्व n. Göttlichkeit, Gott sein.

देश m. Ort, Gegend, Land.

देह m. Körper.

देहिन् m. Mensch.

दैव n. Schicksal.

दैवत n. Gottheit.

दोष m. Fehler, Schuld.

द्युति f. Glanz.

द्रव्य n. Gegenstand, Gut, Habe.

द्रष्टव्य sichtbar.

द्रु 1. laufen.

— समुप hinzulaufen.

द्रुम m. Baum.

द्वय f. ई zweifach. n. Paar.

द्वार n. Thür.

द्वि (97) zwei.

द्विज m. Brâhmaṇa; Zahn.

द्वितीय zweiter.

द्विप m. Elephant.

ध

धन n. Geld, Habe.

धनिन् reich.

धनुस् m n. Bogen.

धन्य reich.

धन्विन् m. Bogenschütze.

धरित्री f. Erde.

धर्म m. Recht, Pflicht, Tugend, Gesetz.

धा 3. (137. 214) setzen. Âtm. annehmen.

— उपा verursachen.

— समा p. aufmerksam.

— नि anwenden.

— वि machen, verschaffen.

धातु m. Metall.

धातृ m. Schöpfer.

धारिन् habend.

धार्मिक tugendhaft.

धाव् 1. laufen.

— समुप hinzulaufen.

धिक् pfui!

धी f. Verstand, Geist.

धीमत् verständig.

धीर standhaft. °त्व n. Abstr.

धीवर m. Fischer.

धूर्जटि m. Çiva.

धृ 1. u. Caus. halten, haben, ertragen.

धृति f. Festigkeit.

धृष् 1. Caus. überwältigen.

धेनु f. Milchkuh.

धैर्य n. Festigkeit.

ध्मा 1. (124). schmelzen.

ध्यान n. Nachdenken.

ध्येय denkbar.

ध्वंस m. Vertilgung.

ध्वंसिन् umstürzend.

न

न nicht.

नक्तम् bei Nacht.

नख m n. Kralle.

नखिन्, Krallen habend.

नगर n. u. नगरी f. Stadt.

नग्न nackt. °त्व n. Abstr.

नचिरात् in Kurzem.

नदी f. Fluss.

नन्द् 1. sich freuen.

नन्दन m. Sohn.

नभस् n. Himmel.

नर m. Mann.

नरपति m. König.

नल m. Eigenname.

नलिनी f. Nelumbium.

नव neu, frisch.

नश् 4. schwinden.

नस् (101) uns.

नाना verschieden.

नामधेय n. Name.

नामन् n. (81) Name. Acc. adv. mit Namen, grade, wohl.

नायक m. Führer.

नारद m. Eigenname.

नारी f. Frau.

नाश m. Untergang, Verlust.

निःश्वास m. Seufzen.

निज eigen.

नितम्बिनी f. schönhüftig.
नितराम् sicher.
नित्य beständig, ewig.
निद्रा f. Schlaf.
निधन mn. Tod.
निधि m. Schatz.
निपुण geschickt.
निमित्त n. Ursache.
निमेष m. Augenblick.
निरङ्कुश zügellos.
निरर्थक (240) nutzlos.
निर्गन्ध geruchlos.
निर्गुण ohne Tugend; ohne Sehne.
निर्जन menschenleer.
निर्मल fleckenlos.
निर्विशेष ohne Verschiedenheit.
निर्वृति f. Zufriedenheit.
निर्व्याजता f. Ehrlichkeit.
निवार m. Abwehr.
निवास m. Wohnen.
निवेशन n. Wohnung.
निशा f. Nacht.
निषध m. ein Volk.
निस् hinaus; praef. d. Verneinung.
निसूदन m. Tödter.
निस्तार m. Hinüberkommen.
नी 1. führen, hinbringen.
— अनु freundlich behandeln.
— प्र ausführen.
नीच niedrig.
नीति f. Lebensklugheit.
नीरुज् gesund.
नीलकण्ठ m. Çiva.
नु Fragepartikel.
नूनम् gewiss.
नृ m. (70) Mann.
नृप m. König.
नृपति m. König.
नैषध m. Nishadher.

प

पक्षपात m. Parteilichkeit.
पक्षिन् m. Vogel.
पङ्क mn. Schlamm.
पच् 1. kochen, braten.
पञ्चतन्त्र n. Titel eines Buches.
पञ्चन् fünf.
पटु gewandt, scharf. °ता f. Abstr.
पट्ट m. Tafel.
पठ् 1. hersagen, lesen. Caus. unterrichten, sprechen lehren.
पण्डित unterrichtet, klug.
पत् 1. fallen.
— आ zustossen.
— उद् auffliegen.
— समुद् auffliegen, aufspringen.
— नि herabfliegen, niederfallen, losstürzen, eintreffen.
पतन n. Fall, Flug.
पति m. (62) Herr, Gatte.
पतित्व n. Gattenstelle.
पत्त्र n. Blatt.
पथिक m. Reisender.
पथिन् m. (86) Weg.
पथ्य heilsam.
पद् 4. mit आ wohin gerathen.

— व्या Caus. tödten.

— समा nahen.

— उद् entstehen.

— उप p. begabt.

— प्रति empfangen.

— वि in Unglück gerathen.

— सम् p. begabt.

पद n. Schrift, Spur, Stelle.

पद्वी f. Weg.

पद्मराग lotusfarbig. m. Rubin.

पन्न p. पद् (214).

पयस् n. Wasser, Milch.

पयोनिधि m. Meer.

पर höchster, äusserster, anderer, zweiter. n. das Höchste.

परम् weiter.

परम vorzüglichster. n. das Höchste.

पराक्रम m. Macht.

परिजन m. Dienerschaft.

परिताप m. Schmerz.

परितोष m. Zufriedenheit.

परित्याग m. Hingabe.

परित्राण n. Rettung.

परिभव m. Verachtung.

परिरक्षण n. Rettung.

परिवर्तिन् im Kreise laufend.

परिवार m. Gefolge.

परीताप m. Schmerz.

परोक्ष unsichtbar.

पर्वत m. Eigenname.

पलाय् entfliehen.

पल्लव m n. Knospe.

पवन m n. Hauch.

पशु m. Vieh.

पश्चात् hernach, hinterher.

पश्य् s. दृश् (124).

पा 1. trinken (124. 192. 214. 218).

पाटलिपुत्र n. eine Stadt.

पाटव n. Gewandtheit.

पाणि m. Hand (241).

पाण्डु bleich. m. Eigenname.

पात m. Fall.

पाताल n. Unterwelt.

पात्र n. Gefäss; würdige Person. °ता f. u. °त्व n. Abstr.

पाद m. Fuss.

पान n. Trinken, Trank.

पान्थ m. Reisende.

पाप n. Sünde.

पार n. jenseitiges Ufer, Ende.

पार्थिव m. König.

पाल् 10. hüten.

पाल m. Hüter.

पाश m. Fessel.

पिण्ड m. Kloss.

पितृ m. (69) Vater.

पिपासा f. Durst.

पिब् s. पा 1. (124).

पिशित n. Fleisch.

पीड् 10. drücken.

पीडन n. Qual.

पीडा f. Schmerz.

पीत u. पीत्वा s. पा 1.

पीयते pass. पा (192).

पीयूषवर्षाय् zum Nektarregen werden.

पुंस् m. (92) Mann.
पुण्य schön, gut.
पुण्यवत् glücklich.
पुत्र m. Sohn.
पुत्रक m. Söhnchen.
पुनर् wieder; aber.
पुनर्जन्मन् n. Wiedergeburt.
पुरःसरम् begleitet von, mit.
पुरस्तात् vor.
पुरा zuerst.
पुरीष n. Koth.
पुरुष m. Mann.
पुलकित Freudeschauer empfindend.
पुष् 9. pflegen. Imper. (126).
— परि Caus. dass.
पू 9. (144). reinigen.
पूग m. Schaar.
पूज् 10. ehren.
— अभि dass.
— सम् dass.
पूजा f. Verehrung.
पूर् 10. anfüllen.
— सम् p. die Fülle habend.
पूर्व vorderer, früherer. — n. adv. früher, vorher.
पृथिवी f. Erde.
पृष्ठ n. Rücken.
पेय v. पा (216) trinkbar.
पौरुष n. Männlichkeit.
प्रकाश laut.
प्रकृति f. Natur.
प्रछ् 6. (124) fragen.
— परि dass.
प्रजा f. Nachkommenschaft.
प्रणमन n. sich beugen.
प्रति zu, gegen, in Beziehung auf.
प्रतिपत्ति f. Gewinn, Erwerb.
प्रतिष्ठित aufgestellt.
प्रतीकार m. Abhülfe.
प्रत्याख्यान n. Verweigern.
प्रथ् 1. berühmt werden. Caus. gross machen.
प्रथम erster.
प्रदीप m. Lampe.
प्रभविष्णु m. Mächtiger.
प्रभा f. Glanz.
प्रभाव m. Macht.
प्रभु m. Herr. °त्व n. Abstr.
प्रभृति von . . an.
प्रमदा f. Frau.
प्रमाण n. Maass, Richtschnur.
प्रमाणय् (206) als Auctorität hinstellen.
प्रमाथिन् erregend.
प्रमाद m. Sorglosigkeit.
प्रयत्न n. Bemühung.
प्रवर्तन n. Handeln.
प्रवाद m. Gerede.
प्रवीण tüchtig. °ता f. Abstr.
प्रवृत्ति f. sich einlassen, Thätigkeit.
प्रसाद m. Gnade.
प्रसृति f. Handvoll.
प्रस्ताव m. Einleitung.
प्राक्तन früherer.
प्राच् n. adv. vormals.
प्राज्ञ verständig.

प्राञ्जलि die zusammen gelegten Hände ausstreckend.
प्राण m. Athem. pl. Leben.
प्राणिन् m. lebendes Wesen.
प्रातर् frühe.
प्राय ähnlich.
प्रायस् gewöhnlich.
प्रायेण wahrscheinlich; gewöhnlich.
प्रासाद m. Palast.
प्रिय lieb, angenehm; liebend.
प्रीत freudig.
प्रेमन् mn. Liebe.
प्रोत्तुङ्ग hoch.

फ

फल् 1. Frucht bringen.
फल n. Frucht, Lohn, Erfolg.
फलक mn. Brett.
फलवत् erfolgreich; lohnend.
फेन m. Schaum.

ब

बद्ध p. बन्ध् (214).
बधिर taub. °ता f. Abstr.
बन्ध् 9. (146) binden, heften, fesseln, fangen.
बन्ध m. Band.
बन्धन n. Binden; Fessel.
बन्धु m. Verwandter, Freund.
बन्ध्य unfruchtbar.
बल n. Kraft; Heer.
बलवत् mächtig.
बलिन् (85) kräftig.
बहिस् draussen, hinaus.
बहु viel.
बहुमान m. Hochachtung.
बाल m. Kind, Knabe. f. Mädchen.
बालक m. Knabe.
बालत्व n. Kindheit.
बाष्प m. Thräne.
बाहु m. Arm.
बिन्दु m. Tropfen.
बुद्धि f. Einsicht, Absicht.
बुद्धिमत् verständig.
बुद्बुद m. Blase.
बुध् 1. 4. denken.
— नि vernehmen.
— प्र erwachen. Caus. ermahnen.
बुध weise.
बृहदश्व m. Eigenname.
बृहस्पति m. ein Gott.
बोध m. Einsicht, Auffassung.
ब्रह्मण्य fromm.
ब्रह्मन् mn. Brahman.
ब्रह्मर्षि m. priesterlicher Weiser.
ब्रू 2. (132) sprechen.

भ

भगवत् herrlich.
भंगुर vergänglich.
भज् 1. lieben, pflegen.
भद्र glücklich, gut. n. Glück.
भय n. Furcht, Gefahr.
भयङ्कर Furcht erregend.
भर्तृहरि m. Eigenname.
भव m. Welt,

भवत् (80) du.
भवन n. Haus.
भवितृ (179) sein werdend.
भा 2. mit वि glänzen.
भागिन् theilhaftig.
भागीरथी f. Gangâ.
भाग्य n. Glück, Gut.
भाजन n. Gefäss.
भार m. Last.
भारत m. Nachkomme des Bharata.
भार्या f. Gattin.
भाल n. Stirn.
भाव m. Zustand.
भाविन् was sein wird oder muss.
भाष् 1. sprechen.
— अभि anreden.
— प्रति antworten.
— सम् anreden.
भिक्षा f. Almosen.
भित्ति f. Wand.
भिद् 7. scheiden. p. भिन्न (214).
भीत in Angst seiend.
भीम furchtbar. m. Eigenname.
भुज् 7. geniessen, verzehren.
भुज m. Arm.
भुजङ्गम m. Schlange.
भुवन n. Welt, Erde.
भू 1. (172) werden, entstehen, sein.
— अनु geniessen, Theil nehmen.
— प्र entstehen, entspringen.
— सम् geboren werden, geschehen, sein.
भू f. Erde.
भूत seiend, geworden. n. Wesen.
भूति f. Wohlfahrt.
भूपति m. Landesherr, König.
भूमि f. Erde, Boden.
भूयस् (95) mehr, länger.
भूष् 10. schmücken.
— वि dass.
भूषण n. Schmuck.
भृ 1. 3. tragen, unterstützen.
भेद m. Entzweiung; Unterschied.
भैमी f. Tochter des Bhîma.
भोग m. Essen, Genuss.
भोजन n. Essen.
भोस् (35) he!
भ्रंश् 4. (124) herausfallen.
भ्रम् 1. 4. durchstreifen. p. verwirrt.
— परि umherschweifen.
— सम् p. verwirrt.
भ्राज् 1. strahलen.
भ्रान्ति f. Unstätigkeit.

म

मकरकेतन m. Liebesgott.
मघवन् m. (82) Indra.
मज्ज् 6. versinken. p. मग्न (214).
— नि dass.
मणि m. Perle, Edelstein.
मण्डन n. Schmuck.
मण्डल n. Kreis.
मत p. मन् (214).
मति f. Meinung, Einsicht.
मतिमत् verständig.
मत्स्य m. Fisch.

मद् (101) ich.

मद् 4. berauscht sein. p. मत्त (214).

— उद् p. berauscht, von Sinnen.

मद m. Rausch, Dünkel, Brunst, Brunstsaft.

मदन m. Liebesgott.

मदिर lieblich. f. berauschender Trank.

मधु n. berauschender Trank.

मधुर süss.

मध्य mittlerer. n. Mitte, Taille.

मध्यम mittlerer. mn. Taille.

मन् 4. 8. denken, wofür halten. Caus. ehren.

— अनु billigen.

— अभि p. erwünscht.

— सम् billigen.

मनस् n. Geist, Gemüth, Sinn.

मनस्विन् verständig.

मनु m. Manu.

मनुज m. Mensch.

मनुष्य m. Mensch.

मनोरथ m. Wunsch.

मनोहारिन् herzentzückend.

मन्त्र् 10. mit सनि einladen.

मन्त्र m. Zauberspruch.

मन्मथ m. Liebesgott.

॰मय bestehend aus.

मरण n. Sterben.

मरीचि f. Strahl.

मरुस्थल n. u. ॰ली f. Wüste.

मर्त्य m. Sterblicher.

मल mn. Schmutz.

मलिन befleckt, finster.

महत् (79. 231) gross, wichtig.

महात्मन् hochherzig.

महानील dunkelschwarz. m. Sapphir.

महिमन् m. Grösse.

महिषी f. Königin.

मही f. Erde.

महीक्षित् m. Erdherrscher.

मा nicht!

मा 2. 3. 4. mit निस् verfertigen, bilden.

— विनिस् dass.

— परि abmessen.

मांस n. Fleisch.

माचिरम् ohne Zögern.

मातृ f. Mutter.

मात्र n. Maass; bloss.

मान m. Stolz.

मानव m. Mensch.

मानस n. Geist.

मानुष f. ई menschlich. m. Mensch.

मारकत f. ई smaragden.

मारात्मक mordgierig.

मार्ग m. Weg.

माल्य n. Kranz.

माल्यगुणाय् (206) zur Schnur eines Kranzes werden.

मास m. Monat.

मित p. मा (214).

मित्र n. Freund.

मीन m. Fisch.

मील् 1. mit समुद् erscheinen.

मुक्त erlöst. f. ॰ा Perle.

मुख n. Mund, Antlitz.

मुखर m. Anführer.

मुच् 6. (124) loslassen.

मुह् 4. Caus. bethören.

मूढ p. मुह् (214) thöricht.

मूत्र n. Harn.

मूर्ख m. Dummkopf, Thor.

मूर्ति f. Körper.

मूर्तिमत् (80) einen Körper habend.

मूर्धज m. Haupthaar.

मूर्धन् m. (81) Haupt, Spitze.

मूल् 10. mit उद् entwurzeln.

मूषिक m. Maus.

मृ 6. (124) sterben.

मृग m. Wild, Gazelle.

मृगतृष्णिका f. Luftspiegelung.

मृगपति m. Löwe.

मृत्यु m. Tod.

मृद् f. Erde, Thon.

मेरु m. ein Berg.

मैत्री f. Freundschaft.

मैथुन n. Begattung.

मोक्ष m. Befreiung, Erlösung.

मोह m. Bethörung.

मौक्तिक n. Perle.

मौन n. Schweigen.

म्लायिन् schwindend.

य

यक्ष m. ein Halbgott.

यच्छ् s. यम् (124).

यत p. यम् (214).

यतस् von wo, wo; denn, weil.

यत्न m. Mühe, Anstrengung.

यत्नतस् mit Anstrengung.

यत्र wo, in welchem.

यथा wie, dass.

यथातथम् (242) genau.

यथार्हम् (242) nach Verdienst.

यथाशक्ति (242) nach Kräften.

यद् (106) welcher. n. adv. weil, dass. येन weshalb. यत्तत् u. यत्किंचित् wer immer.

यदा wann, als.

यदि wenn.

यम् 1. (124. 214) mit आ p. lang.

— नि p. bestimmt.

— प्र geben.

— सम् zügeln.

यम m. ein Gott.

यव m. Gerste.

यशस् n. Ruhm.

या 2. gehen, gelangen; dahin gehen.

— अनु verfolgen.

— आ herankommen, gelangen.

— समा herkommen.

— प्र weggehen.

यावत् wie gross, wie viel. n. adv. wie lange, während.

यु 9. anheften.

युक्त p. युज् begabt, passend.

युज् 7. verbinden. pass. passen.

युध् f. Kampf.

युष्मद् (101) ihr.

योग m. Fügung.

योगिन् andächtig.

योजन n. ein Wegemaass.

योधिन् kämpfend.

योषित् f. Frau.

यौवन n. Jugendalter.

र

रक्ष् 1. schützen, bewahren.

रक्षितृ m. Schützer.

रजनि f. Nacht.

रञ्ज् 1. (124) Caus. geneigt machen.

— वि p. abgeneigt.

रण mn. Schlacht.

रति f. Lust, Ergötzen.

रत्न n. Juwel.

रथ m. Wagen.

रभ् 1. mit आ anfangen.

रम् 1. mit वि aufhören, ablassen.

रम्य reizend.

रवि m. Sonne.

रस m. Saft.

रसातल n. Hölle.

रहस् n. Einsamkeit.

राक्षस m. Dämon.

राग m. Leidenschaft.

राज् 1. glänzen. perf. (170).

राजन् m. König (81. 231).

रात्रि f. Nacht.

राध् 5. mit आ Caus. geneigt machen.

राम m. Eigenname.

राहु m. ein Dämon.

रिच् 7. mit अति pass. vorwalten.

रिपु m. Feind.

रुचिर glänzend, lieblich.

रुद् 2. (128) weinen.

रुह् 1. Caus. रोपय् (200).

— आ hinaufsteigen, sich begeben in.

— प्र wachsen.

रूप् 10. mit नि betrachten, prüfen.

रूप n. Gestalt, Schönheit.

रूपवत् (80) schön.

रे he! ach!

रोग m. Krankheit.

ल

लक्ष् 10. sehen.

लक्षण n. Kennzeichen.

लक्ष्मी f. Glück; Göttin des Glückes.

लग्न eingedrückt.

लघु f. ई leicht, klein.

लघुपतनक m. Eigenname.

लंघ् 10. mit वि emporspringen.

लज्जावत् schamhaft.

लभ् 1. erlangen.

लभ्य erlangbar.

लम्ब् 1. mit अव sich niederlassen, stützen.

ललाट n. Stirn.

लव m. ein Stück, Bischen.

लाभ m. Erlangung.

लालाय् denom. von Speichel triefen.

लिख् 6. schreiben.

लिंग् 1. mit आ umarmen.

लिप् 6. m. अव p. stolz.

ली 4. sich verbergen.

लुब्धक m. Jäger.

लुभ् 4. begierig sein.

लेखा f. Strich, Linie.

लोक् 10. mit अव erblicken.

— वि dass.

लोक m. Welt; Menschen.

लोच् 1. mit आ denken, überlegen.

लोचन n. Auge.

लोभ m. Begierde.

लोल beweglich; lüstern.

लोष्ट n. Erdkloss.

व

वंश m. Rohr, Stamm; Familie.

वक m. Kranich.

वक्तृ m. Redner.

वक्त्र n. Mund.

वक्षोज n. Brust.

वच् 2. (174. 192. 214) sprechen, anreden.

— प्रति antworten.

वचन n. Rede.

वचस् n. Rede.

वज्र n. Donnerkeil,

वडिश n. Angel.

°वत् Suff. bildet 1) Adjectiva des Besitzes; 2) Adverbia der Vergleichung.

वत्स m. Kalb.

वद् 1. sprechen.

वदन n. Antlitz.

वध m. Tödten.

वन n. Wald.

वनान्त n. Waldsaum.

वपुस् n. Körper.

वयम् s. अस्मद् (101).

वयस् n. Alter, jugendliches Alter.

वर् 10. wählen.

वर bester. m. Geschenk.

वरम् besser.

वरवर्णिन् schönfarbig.

वराटक m. Muschel.

वरुण m. ein Gott.

वर्ग m. Classe.

वर्चस् n. Glanz.

वर्ण m. Farbe, Caste.

वर्तन n. Lohn.

वर्धन mehrend.

वर्धिन् vergrössernd.

वर्ष mn. Jahr.

वल m. ein Dämon.

वल्कल mn. Baumrinde.

वल्लभ beliebt.

वश n. Gewalt, Macht.

वश्य gehorsam.

वस् 2. anziehen.

वस् 1. (214. 218) wohnen, verweilen.

— नि dass.

— अधिनि wohnen an.

वसु n. Schatz, Vermögen.

वसुन्धरा f. Erde.

वस्तु n. Ding, Mittel.

वस्त्र n. Kleid.

वह्नि m. Feuer.

वा oder.

वाक्य n. Rede.

वाच् f. Sprache, Rede.

वाणी f. Rede.
वात्सल्य n. Liebe.
वादिन् sprechend.
वायस m. Krähe.
वारि n. Wasser.
वासस् n. Kleid.
वाहन n. Fahrzeug.
वाहिन् tragend.
विक्रम m. Tapferkeit.
विक्रिया f. Veränderung.
विग्रह m. Krieg.
विघ्न m. Hinderniss.
विचक्षण klug.
विचार m. Ueberlegung.
विचित्र bunt.
विज् 7. zittern.
— उद् 6. unruhig sein. p. (214).
विजयिन् siegreich.
वितर्क m. Bedenken.
वित्त n. Vermögen, Reichthum.
वित्तवत् reich.
विद् 2. wissen, kennen.
— नि Caus. verkünden.
विद् 6. (124) finden. pass. sich finden.
विदर्भ m. ein Land.
विदेश m. Fremde.
विद्या f. Wissenschaft.
विद्युत् f. Blitz.
विद्वस् (91. 133. 212) verständig, gelehrt.
विद्विष् m. Feind.
विधातृ m. Schöpfer.
विधि m. Schicksal; Brahman.
विधु m. Mond.
विध्वंसिन् zerfallend.
विनय m. Bescheidenheit, Höflichkeit.
विनश्वर vergänglich.
विना ohne.
विनाश m. Untergang.
विनोद m. Unterhaltung.
विन्द् s. विद् 6. (124).
विपत्ति f. Missglücken, Unglück.
विपद् f. Unglück.
विपरीत verkehrt.
विभु m. Herr.
विभूषण n. Schmuck.
विभ्रम m. Hast; Reiz, Coquetterie.
विमल rein.
विमान n. Wagen.
वियत् n. Luftraum.
वियोग m. Trennung.
विरक्त s. रञ्ज् ।
विरल selten.
विरह m. Abwesenheit.
विलेपन n. Salbe.
विलोल beweglich.
विवर n. Höhle.
विवर्ण blass.
विवश willenlos.
विविध mannichfaltig.
विवेक m. Einsicht.
विश् 6. eintreten.
— आ eindringen.
— उप sich setzen, sich niederlassen.

— प्रतिनि p. hartnäckig.

— प्र hineingehen.

विश् m. Mensch.

विशाल gross.

विशिष्ट ausgezeichnet. °ता Abstr.

विशेष m. Unterschied, Vorzug. instr. vorzüglich.

विशेषतस् vorzüglich, besonders.

विश्वास m. Vertrauen.

विष mn. Gift.

विषय m. Bereich, Sinnesgegenstand.

विषयिन् sinnlich.

विषाण mn. Horn.

विषाद m. Verzagen.

विष्णुशर्मन् m. Eigenname.

विस्मय m. Erstaunen.

विहग m. Vogel.

विहङ्गम m. Vogel.

विहारिन् wandelnd.

वीर m. Held.

वीरसेन m. Eigenname.

वीर्य n. Kraft.

वृ 10. abwehren.

— आ p. umgeben.

— समा p. dass.

— वि öffnen.

वृक्ष m. Baum.

वृत् 1. sich befinden.

— नि umkehren.

वृत्ति f. Wandel, Betragen.

वृत्र m. ein Dämon.

वृथा umsonst.

वृद्ध alt. °त्व m. Abstr.

वृद्धिमत् zunehmend.

वृध् 1. wachsen.

— वि dass.

वृष्टि f. Regen.

वेद m. Veda.

वेदविद् (208) vedakundig.

वेदिन् kundig.

वेश्मन् n. Haus.

वेष्ट् 1. bekleiden.

वै Expletiv.

वैचित्र्य n. Mannichfaltigkeit.

वैदर्भ f. ई Vidarbher.

वैरिन् feindlich.

व्यभिचारिन् irre gehend.

व्यय m. Verlust, Hingeben.

व्यर्थ ohne Gewinn.

व्यसन n. Fleiss; Laster, Unglück.

व्याकुल ängstlich.

व्याघ्र m. Tiger.

व्याध m. Jäger.

व्याधि m. Krankheit.

व्याधित krank.

व्यापद् f. Unglück.

व्यापार m. Thätigkeit, Bemühung.

व्याल m. Schlange.

व्योमन् n. Himmel, Luft.

व्रज् 1. gehen.

व्रत n. Gelübde.

श

शंस् 1. mit प्र preisen.

शक् 5. (141) können.

शकल mn. Stück.
शक्ति f. Kraft.
शक्य möglich.
शक्र m. Indra.
शंक् 1. fürchten.
— आ vermuthen.
शङ्का f. Furcht, Vermuthung.
शची f. eine Göttin.
शत n. Hundert.
शत्रु m. Feind.
शनैस् langsam, allmälig.
शम् 4. mit प्र p. (214) ruhig.
शम m. Ruhe.
शमन n. Beruhigung.
शयन n. Liegen, Lager.
शय्या f. Lager, Bett.
शरीर n. Körper.
शलभ m. Heuschrecke.
शश m. Haase.
शशिन् m. Mond.
शस्त्र n. Waffe.
शार m. Schachpuppe.
शार्दूल m. Tiger.
शाल्मली f. ein Baum.
शाव m. Junges.
शास् 2. (134) regieren, befehlen.
शासन n. Befehl.
शास्त्र n. Lehrbuch, Lehre, Wissenschaft.
शिरस् n. Haupt.
शिरोरुह m. Haupthaar.
शिशु jung.
शिष् 7. mit वि p. ausgezeichnet.
शी 2. (135) ruhen, schlafen.
शील mn. Charakter, Gewohnheit.
शुक m. Papagei.
शुक्ति f. Muschel.
शुचि rein.
शुध् 4. rein sein.
— वि dass.
शुभ् 1. glänzen.
शुभ schön, gut, glücklich.
शूर m. Held.
शृङ्गिन् gehörnt.
शॄ 9. pass. vergehen.
शेष n. Uebriges.
शैल m. Felsen.
शोक m. Kummer.
शोभन schön.
शौर्य n. Tapferkeit, Heldenthum.
श्मशान n. Bestattungsplatz
श्रम् 4. (124) mit वि ausruhen.
श्रवण n. Ohr.
श्रव्य hörbar.
श्रि 1. mit आ hingehen, Zuflucht nehmen.
श्री f. Glück, Schönheit; eine Göttin.
श्रु 5. (142) hören. Desid. gehorchen.
— वि pass. berühmt werden.
— सम् versprechen.
श्रुत gehört, gelernt. n. Vedakenntniss.
श्रुतवत् gelehrt.
श्रुति f. Ohr; Veda.
श्रेयस् (95) besser. n. Heil.

श्रेष्ठ (95) bester.

श्रोत्र n. Ohr.

श्लाघ् 1. preisen.

श्लोक m. Vers.

श्वेत weiss.

ष

षष् (97) sechs.

स

स॰ mit (239).

स s. तद् (104).

संयम m. Zügelung.

संयमिन् aufgebunden; sich beherrschend.

संलाप m. Unterhaltung.

संशय m. Zweifel, Gefahr.

संसर्ग m. Verbindung, Umgang; Beimischung.

संसार m. weltliches Dasein.

संस्कार m. Verzierung.

संस्कृत zierlich; Sanskrit.

संस्थिति f. Zusammensein; Bestehen.

संहति f. Vereinigung.

सकल all.

सकाश m. Nähe, Gegenwart.

सकृत् einmal, semel.

सक्त p. सञ्ज् (214).

सखि m. (61) Freund. f. ई Freundin.

सङ्कल्प m. Gedanke, Besinnung.

सङ्ग m. Hängen an ..

सङ्गम m. Vereinigung.

सञ्चार m. Wandern.

सञ्ज् 1. anhängen. p. (214).

— आ dass.

संज्ञित benannt.

सत् (209) seiend; gut.

सततम् fortwährend.

सत्कार m. gastliche Aufnahme.

सत्तम bester.

सत्त्ववत् muthig.

सत्य wahr. n. Wahrheit.

सद् 1. (124) untersinken.

— अव herabsinken; aufhören.

— आ 10. gelangen, antreffen.

— प्र ruhig sein. p. heiter, freundlich.

सदस् n. Versammlung.

सदा stets.

सदृश ähnlich.

सद्यस् sogleich.

सन्देह m. Zweifel, Gefahr.

सन्धि m. Friedensschluss.

सन्न p. सद् (214).

सन्निकर्ष m. Nähe.

सन्निधान n. Nähe, Berührung.

सभा f. Versammlung, Hof.

सम gleich. ॰ता f. Abstr.

समय m. Zeit.

समर्थ im Stande.

समस्त all.

समागम m. Zusammenkunft.

समाज m. Versammlung.

समान gleich, ähnlich.

समाहित p. धा (214) aufmerksam, sorgfältig.

समीप n. Nähe.
समीभू v. सम (229).
समुद्र m. Meer.
समुन्नति f. Erhebung.
सम्पत्ति f. Erlangung, Besitz.
सम्पद् f. Vollendung, Glück.
सम्पन्न p. पद् (214).
सम्प्रति jetzt.
सम्भव m. Ursprung, Entstehung; Möglichkeit.
सम्भाषा f. Begrüssung.
सम्भ्रम m. Eile.
सम्यच् richtig.
सरस् n. Teich.
सरित् f. Fluss.
सर्ग m. Abschnitt.
सर्प m. Schlange.
सर्व (108) all.
सर्वतस् nach allen Seiten.
सर्वत्र überall.
सर्वथा in jeder Weise.
सर्वदा zu jeder Zeit.
सर्वशस् (100) sämmtlich.
सलिल n. Wasser.
सह् 1. (51) ertragen.
— उद् vermögen.
सह mit.
सहस्र n. Tausend.
सहित begleitet.
साक्षात् vor Augen.
सागर m. Meer.
साग्निक (240) mit Agni vereint.
सात्त्विक aus d. Wahrheit entsprungen.
साध् 10. vollenden.
साधक f. °धिका (222) vollendend.
साधन n. Mittel.
साधु gut.
साध्य zu vollenden. n. Unternehmen.
सामान्य n. Gemeinschaftlichkeit.
साम्य n. Gleichheit.
सार्धम् mit.
साहाय्य n. Hülfe.
सिंह m. Löwe (237).
सिकता f. Sand.
सिद्धि f. Vollendung, Gelingen.
सिध् 4. fertig werden, gelingen.
सीद् s. सद् (124).
सु gut, schön, sehr.
सुकुमार zart.
सुख n. Wohlsein, Freude, Gut, Genuss.
सुखम् bequem, leicht.
सुगत dem es gut ergangen.
सुजनता f. Leutseligkeit.
सुत m. Sohn. f. Tochter.
सुतिन् f. °ई Sohn habend.
सुदर्शन m. Eigenname.
सुधी verständig.
सुन्दर f. ई schön.
सुप्त p. स्वप् (214).
सुमनस् f. Blume.
सुर m. Gott.
सुवर्ण n. Gold.
सुहृद् m. Freund.
सुहृदय gefühlvoll.

सू 2. 4. mit **प्र** erzeugen.

सृ 1. mit **निस्** hinausgehen.

— **प्र** Caus. ausstrecken.

सृज् 6. schaffen.

— **उद्** loslassen, hingeben.

सृप् mit **उप** hinzugehen.

— **वि** auseinander laufen, umherfliegen.

सेव् 1. bedienen; ausüben.

सेवा f. Dienst.

सोढुम् inf. **सह्** (51).

सौख्य n. Lust.

सौदामनी f. ein besonderer Blitz.

सौभाग्य n. Glück.

स्तन n. Busen, Zitze.

स्तभ् 5. mit **वि** (50) hinstellen.

स्तम्भ m. Pfosten. **स्तम्भीभू** (229).

स्तबक m. Strauss.

स्तु 2. mit **प्र** anfangen. pass. (192).

स्तॄ 9. p. **स्तीर्ण** (214).

— **वि** ausbreiten. Caus. auswerfen.

स्तोक klein.

स्त्री f. (65) Frau.

°**स्थ** befindlich.

स्थली f. Platz.

स्था 1. (124) stehen, sich finden.

— **उद्** (**उत्था**) aufstehen. Caus. aufhelfen.

— **उप** stehen vor, nahe sein.

— **सम्** wohin gerathen.

स्थान n. Stellung, Grund.

स्थायिन् ausdauernd.

स्थिर dauerhaft.

स्थूल gross.

स्ना 2. baden.

स्नान n. Baden.

स्पृश् 6. berühren, fühlen.

स्पृश्य fühlbar.

स्पृह् 10. verlangen.

स्म Expletiv.

स्मर m. Liebe.

स्मि 1. lächeln.

— **वि** erstaunen.

स्मृ 1. sich erinnern, erwähnen.

— **सम्** denken an.

स्व eigen, selbst

स्वच्छ rein.

स्वप् 2. (128. 174. 214) schlafen.

स्वभाव m. Natur, Charakter.

स्वयंवर m. Selbstwahl.

स्वयम् selbst, von selbst.

स्वल्पशिलाय् (206) ein kleiner Berg werden.

स्वस्थ fest, gesund.

स्वातन्त्र्य n. eigene Bestimmung.

स्वाति f. ein Sternbild.

स्वाद् 1. schmecken.

स्वादु süss.

स्वाद्य essbar.

स्वामिन् m. Herrscher.

स्वैर zwanglos.

ह

ह Expletiv.

हंस m. Flamingo.

हत p. **हन्** (214).

हन् 2. (84. 136) schlagen, tödten, vertilgen.

— नि niederschlagen, tödten.

— प्रति zurückschlagen, schwächen.

— वि hindern.

— सम् vereinigen.

हरि m. Vishnu.

हर्ष m. Freude.

हस्त m. Hand (241).

हस्तिन् m. Elephant.

हा ach!

हा 3. verlassen, vermeiden. pass. (132) schwinden, verloren gehen.

— वि dass.

हार m. Perlenschnur.

हारिन् wegnehmend.

हारिन् mit Perlen geschmückt.

हासिन् lächelud.

हास्य n. Gelächter.

हाहा ach!

हि denn, ja; ha!

हित p. धा (214) freundlich, wohlwollend, nützlich.

हितोपदेश m. Titel eines Buches.

हिरण्यक m. Eigenname.

हीन p. हा (214), verlassen, beraubt, niedrig.

हृ 1. nehmen.

— व्या sprechen.

— परि meiden.

हृच्छय im Herzen ruhend. m. Liebe.

हृद् n. Herz.

हृदय n. Herz.

हृष् 4. sich freuen.

— प्र dass.

हेतु m. Ursache. °ता f. Abstr.

हेमन् n. Gold.